MILIONÁRIO AOS CINQÜENTA

A Editora Nobel tem como objetivo publicar obras com qualidade editorial e gráfica, consistência de informações, confiabilidade de tradução, clareza de texto, impressão, acabamento e papel adequados. Para que você, nosso leitor, possa expressar suas sugestões, dúvidas, críticas e eventuais reclamações, a Nobel mantém aberto um canal de comunicação.

Entre em contato com:
CENTRAL NOBEL DE ATENDIMENTO AO CONSUMIDOR
Fone: (11) 3706-1466 – Fax: (11) 3706-1462
End.: Rua Pedroso Alvarenga, 1046 / 9º andar – São Paulo – CEP 04531-004
Internet: www.livrarianobel.com.br

Hermano Barbosa

MILIONÁRIO AOS CINQÜENTA

© 2001 de Hermano Barbosa

Direitos desta edição reservados à
Livraria Nobel S.A.
Rua Pedroso Alvarenga, 1046 / 9º andar – 04531-004 – São Paulo, SP
Fone: (11) 3706-1466 – Fax: (11) 3706-1462
e-mail: ednobel@livrarianobel.com.br

Coordenação editorial: Mirna Gleich
Assistência editorial: Maria Elisa Bifano
Produção gráfica: Fábio Cardoso/Mirian Cunha
Revisão: Luciana Abud e Maria Aparecida Amaral
Capa: Marta Cerqueira Leite
Editoração eletrônica: AGA ESTÚDIO
Impressão: Paym Gráfica e Editora Ltda.

Dados Internacionais de Catalogação na Publicação (CIP)
(Câmara Brasileira do Livro, SP, Brasil)

Barbosa, Hermano
  Milionário aos cinqüenta / Hermano Barbosa. – São Paulo: Nobel, 2001.

  ISBN 85-213-1181-8

  1. Aposentadoria 2. Milionários I. Título.

	CDD-658.3132
01-2638	-650.12

Índices para catálogo sistemático:
1. Aposentadoria verde: Administração 658.3132
2. Candidatos a milionários: Sucesso financeiro: Administração 650.12

É PROIBIDA A REPRODUÇÃO

Nenhuma parte desta obra poderá ser reproduzida, copiada, transcrita ou mesmo transmitida por meios eletrônicos ou gravações, sem a permissão, por escrito, do editor. Os infratores serão punidos pela Lei nº 9.610/98.

Impresso no Brasil/*Printed in Brazil*

PREFÁCIO

Um, dois, três, quatro... Assim seguimos contando praticamente desde que começamos a falar. E com que facilidade o fazemos! Tenho agora em mãos este *Milionário aos cinqüenta*, e com grata surpresa a cada folha que termino de ler avalio e reavalio o alcance da obra. Pois o livro que a princípio parecia ser um "manual para crescimento material" do indivíduo a cada parágrafo se aprofunda e ganha matizes de um verdadeiro tratado de vida. Assim, aqueles aspectos simplesmente econômicos que são aqui desenvolvidos são envoltos por uma densa película de experiência de vida – constituindo-se por fim num todo em que uma parte não pode ser dissociada de outra.

A leitura atenta da primeira parte do livro mostra, e muitas vezes demonstra com clareza, diversos aspectos que, em última análise, são parte da vida de tantos de nós – o início árduo e penoso, muitas vezes com o sacrifício da própria família, as provações, as dificuldades advindas do desconhecimento... E nosso autor, num rasgo de desprendimento, põe tudo às claras, visível ao alcance de tantos quantos o lerem: as possibilidades de cada um, onde e o quê considerar na abertura de um negócio, o peso de cada decisão, o alcance de cada passo. Quantas histórias mal terminadas poderiam ser evitadas! Quanta informação exposta de forma tão simplificada! Simplificada como contar até quatro, ou cinco, ou mais, colocada, numa ordem adequada, abrangendo tantos pontos e "daquela" maneira que não é necessário curso de pós-graduação para se lhe apreender o conteúdo.

Mas o autor não se prende ao aspecto primeiro de sua obra. Vai mais além, e deixa clara a necessidade de seguir adiante em suas atividades, inclusive sugerindo o que denomina "aposentadoria verde". Um luxo? Para alguns, talvez. Prosseguimento de uma vocação? Para muitos, sem dúvida. Uma necessidade imperiosa? Para todos, certamente, pois para aquele que se entrega ao ócio puro e simples depois de anos e anos de peleja, a vida quase nunca reserva um ocaso feliz, e os exemplos disso estão às dezenas em nossa volta.

Sei que são muitos os que se valerão desta obra para auxiliá-los no rumo a ser dado a seus destinos. Para aqueles que estão começando, servirá de guia desde o princípio; para os que já estão lá, serve de alerta e mesmo de alento para seguir adiante; e para aqueles no meio do caminho, fonte de lições eficazes para condução a um porto seguro e feliz do bem mais precioso que Deus nos deu: a vida.

S. Clecy Frauches
Presidente do grupo TERCAM
Belo Horizonte – MG

APRESENTAÇÃO

É raro ver um trabalho tratando de forma tão clara o tema, sempre atual e interessante, da competência de se tornar um milionário aos cinqüenta anos de idade, e a arte de envelhecer sem perder o dinamismo, mantendo, mesmo que de uma forma mais prudente, o crescimento do patrimônio.

É um livro destinado a jovens de 20 a 70 anos de idade que tenham sempre em mente viver com planejamento, sem improvisações ou atitudes que coloquem em risco o patrimônio conquistado com suor ao longo dos anos de trabalho.

O mais interessante é que o livro se presta tanto aos indivíduos que querem se tornar empresários quanto aos que, tendo a oportunidade de se tornar executivos de uma empresa, querem estabelecer metas e administrar as posições e cargos conquistados aproveitando, através do trabalho honesto e dedicado, as oportunidades que apareçam no decorrer de sua vida profissional.

Primeiramente narra o que é fazer parte do seleto grupo de "milionários" nos países capitalistas e mostra os caminhos que se devem traçar para se atingir os objetivos pessoais. Não é preciso dizer que a pessoa que pretende se tornar milionária, deverá economizar, principalmente naquele princípio de carreira ou de negócio, aplicando o conceito de "frugal" nos gastos e estilo de vida, em que a velha frase "vintém poupado, vintém ganho" passa a ter um peso muito forte na economia pessoal. É nessa fase que os mais "gastadores" não vendo sobrar dinheiro em suas poupanças, se acovardam com a iniciativa privada ou se acomodam em seus cargos de trabalho quando são empregados, sempre com medo de perder o emprego, e não têm como fazer qualquer investimento ou aplicação que proporcione um rendimento extra para contribuir com o crescimento do patrimônio.

Um ponto importante abordado pelo autor é que cada indivíduo deve conhecer suas características definindo sempre seus pontos fortes e seus pontos fracos, para o aproveitamento máximo de suas qualidades em seu benefício, no ramo de atividade que vai atuar.

Trata-se de um verdadeiro tratado de como ser bem-sucedido na vida, apresentando desde o roteiro para elaboração de um estudo de viabilidade econômica para o próprio negócio, até o gerenciamento do negócio com o planejamento e controle de todas as operações, considerando as variáveis possíveis no dia-a-dia. Enfoca a colocação do "indivíduo certo no lugar certo", fator muitas vezes determinante para o sucesso da empresa. Orienta como aplicar bem o dinheiro em negócios de menor risco e de rentabilidade garantida, mantendo sempre o crescimento do patrimônio pessoal.

Na segunda parte do trabalho intitulada "Aposentadoria verde", o autor sugere a opção da atividade agropecuária, principalmente baseado na ideologia de que um homem acostumado a produzir em toda a sua vida, jamais seria feliz preenchendo o seu tempo simplesmente com lazer e acompanhamento de investimentos financeiros.

O autor demonstra que o risco das atividades agropecuárias é quase zero, desde que o indivíduo esteja em contato com seu negócio, pois aí também se aplica o provérbio: "O boi engorda é com o olho do dono". Contudo, não é necessário um gerenciamento sob pressão como em outros ramos comerciais ou industriais, e pode ser muito gratificante exercer uma atividade primária após ter tido toda uma experiência de vida em outros ramos mais complexos e conturbados.

Mesmo que você não tenha grandes conhecimentos nessa área será muito fácil assimilar as sutilezas da atividade agropecuária com o acompanhamento das dicas e experiência do autor, que trazem orientações sobre a escolha de uma propriedade para a finalidade desejada, como fazer a formação da fazenda para a exploração da atividade e inclui um roteiro completo das necessidades de investimento e de operação.

É realmente um privilégio poder utilizar a grande experiência de vida e conhecimentos do autor, e como leitor, descobrir novas oportunidades e perspectivas comerciais com qualidade de vida mesmo após os cinqüenta anos de idade.

Sami Barakat
Presidente da SOBEL e CMO
Belo Horizonte – MG

SUMÁRIO

PRIMEIRA PARTE

MILIONÁRIO AOS CINQÜENTA

Capítulo 1. O seleto grupo dos milionários 14

Capítulo 2. Definir objetivos 19

Capítulo 3. Economizar para o futuro 27

Capítulo 4. Identificação de um negócio 32

Capítulo 5. Gerenciamento de um negócio 39

Capítulo 6. O elemento humano 49

Capítulo 7. Governo, impostos e taxas 57

Capítulo 8. Indústria, comércio, serviços ou agropecuária 61

Capítulo 9. Milionário em ascensão 68

SEGUNDA PARTE

APOSENTADORIA VERDE

Capítulo 10. O que é a aposentadoria verde 74

Capítulo 11. Aquisição do imóvel rural 79

Capítulo 12. Investimentos de formação e iniciação 85

Capítulo 13. Despesas de custeio e manutenção 88

Capítulo 14. Gerenciamento da Aposentadoria Verde 92

PRIMEIRA PARTE

MILIONÁRIO AOS CINQÜENTA

CAPÍTULO 1

O SELETO GRUPO DOS MILIONÁRIOS

O objetivo principal deste livro, com base em observações dos hábitos de trabalho de um grupo razoável de pessoas que se tornaram milionárias, definido aqui como aqueles que têm patrimonio líquido igual ou superior a US$ 1 milhão, é o de facilitar a trajetória dos que estão interessados em participar desse seleto clube, partindo do zero.

Contando com os requisitos pessoais mínimos necessários, o caminho consiste, basicamente, num trabalho sistemático focando objetivos bem definidos, obediência a algumas regras de comportamento e muito planejamento, aliados à persistência e cautela.

Nos Estados Unidos, protótipo mundial de país capitalista e rico, cerca de 3,5% dos lares – a estatística se refere a lares e não a indivíduos isoladamente – em 1996, ostentavam um patrimônio líquido de US$ 1 milhão, ou mais, de acordo com dados obtidos por Thomas J. Stanley e William D. Danko, publicados em seu livro *The millionaire next door*, traduzido para o português com o título, *O milionário mora ao lado**. Apenas cerca de 6% desse grupo, ou 0,2% dos lares americanos, tinham um patrimônio líquido superior a US$ 10 milhões, ou seja, eram multimilionários ou mesmo bilionários.

Não temos uma amostragem precisa para o Brasil mas podemos estimar, pelas faixas de rendas e patrimônios declarados

---
* Manole, São Paulo, 1995.

pelos contribuintes, divulgados pela Secretaria da Receita Federal, que o número de brasileiros detentores de um patrimônio líquido – tudo o que o cidadão possui em valores de mercado descontadas as dívidas – igual, ou superior, a US$ 1 milhão é inferior a 0,5% da população.

Pode-se notar, sem surpresas, que a distância que separa os brasileiros dos americanos, nesse parâmetro, é enorme. Se considerássemos o patrimônio líquido médio das duas populações, na sua íntegra, a distância seria estratosférica! Seria a comparação clássica entre pobres e ricos! Mas essa última comparação não vem ao caso para o propósito deste livro.

Paradoxalmente, é mais viável para um brasileiro, partindo do zero, vir a fazer parte do grupo que possui US$ 1 milhão ou mais, do que para um americano. Certamente, muitos podem discordar dessa afirmação, considerando as crises, recessões, planos e mais planos econômicos a que estamos continuamente sujeitos, corrupção da classe política, impunidades, etc. Todavia, de acordo com o dito popular, "onde existe crise, existem oportunidades", ou dito de outra forma, "em terra de cego quem tem um olho é rei".

Seríamos simplistas afirmando que é fácil fazer parte do grupo de milionários, por volta dos cinqüenta anos de idade, partindo do zero. Mas, para um razoável número de pessoas que, desde o início de sua idade adulta, ostenta os requisitos mínimos exigidos não é uma tarefa das mais difíceis. E que requisitos mínimos são esses? Observando vários indivíduos afluentes ou, *self made men*, notamos que quase todos são:

- instruídos, usualmente com formação superior;
- sociáveis, constroem bons relacionamentos comerciais e profissionais;
- emocionalmente equilibrados;
- trabalhadores persistentes;
- transmitem respeitabilidade e honestidade;
- identificadores de oportunidades;
- frugais ou econômicos com suas despesas pessoais.

Falamos em *ele* por simplificação e porque, nas sociedades capitalistas, os homens ainda se dedicam mais aos negócios do que as mulheres. Não obstante, as estatísticas estão mudando rapidamente, com a inclusão de um número cada vez maior de mulheres nesse mundo, antes dominado pelo sexo masculino. Assim, tanto *ele* quanto *ela*, estão perfeitamente inseridos no contexto de nossas considerações.

Voltando ao livro mencionado no início deste capítulo, nele, os autores identificam o perfil do milionário americano típico. Dentre várias características pessoais e comportamentais citadas, é interessante notar que a maioria dos milionários é afluente de primeira geração, ou seja, cerca de 80% não receberam quaisquer heranças. Por outro lado, os donos de empresas de variados ramos de atividades classificadas como "normais" ou até mesmo "tediosas", constituem-se na maioria dos milionários, com 70% do total. Destes, três em cada quatro se consideram empresários e a quase totalidade dos outros são profissionais liberais. Apenas um em cinco não se formou em universidade. Todos vivem bem abaixo dos seus meios ou recursos – são frugais!

O candidato a milionário precisa exercitar a poupança – desde o início de sua carreira – como empregado de empresa privada ou pública, profissional liberal, ou mesmo já tendo o seu próprio negócio para iniciar a construção de seu patrimônio e ter recursos para investir nas oportunidades que surgirão.

Visando reforçar a importância de poupar na construção de um patrimônio, damos um exemplo: se você economizar o equivalente a US$ 1 por dia, ou seja, o preço de um maço de cigarros, durante trinta anos, recebendo um rendimento anual de 6%, no final do período o montante será de US$ 30 mil. Do mesmo modo, uma economia de US$ 20 por dia, ou cerca de US$ 600 por mês, resulta em trinta anos, com a mesma taxa de rendimento, em US$ 600 mil. É óbvio que, no início de carreira, não é possível fazer poupanças elevadas mas pode-se compensar essa poupança com valores expressivos à medida que vamos evoluindo profissionalmente. Com certeza, a capacidade de poupar, ou gastar menos do que se ganha, é o principal pilar na construção da trajetória de sucesso do futuro milionário.

Por outro lado, para conseguir um patrimônio líquido em dinheiro, bens imóveis e móveis no valor de 1 milhão de dólares, você teria de aplicar durante trinta anos, por exemplo, o equivalente a US$ 35 por dia, ou aproximadamente US$ 13 mil por ano, com a mesma remuneração anterior. Trata-se apenas de um raciocínio matemático pois, na prática, obviamente ninguém faz ou pode fazer isto. Mas o raciocínio matemático mostra que chegar lá não é tão difícil quanto possa parecer à primeira vista. No início de carreira é mesmo impossível conseguir tal nível de poupança, excluindo-se casos excepcionais. Mas, e depois de alguns anos, quando estamos na fase mais produtiva da carreira, ou em plena ascensão profissional? E quando começamos a aferir rendimentos das aplicações patrimoniais, sejam financeiras ou sobre ativos imobilizados? As perspectivas mudam substancialmente, não é verdade?

Muitos dos que acompanharam o raciocínio acima devem estar se perguntando como garantir um rendimento sobre poupanças da ordem de 6% ao ano, descontada a inflação. Mesmo raciocinando em dólares não podemos esquecer este ponto. Por outro lado quanto valerá 1 milhão de dólares dentro de cinco, dez, ou trinta anos? Em primeiro lugar diríamos que o rendimento exemplificado de 6% ao ano deve ser considerado, não somente sobre aplicações do tipo financeira, mas também, e principalmente, sobre outros inúmeros tipos de investimentos que podemos realizar ao longo de nossa vida profissional como imóveis, mercado acionário, *commodities*, ou mesmo, o ramo empresarial. Em segundo lugar definimos como milionário aquele indivíduo que possui um patrimônio líquido de US$ 1 milhão, ou mais, com o poder de compra dos dias atuais, ou seja, do ano 2001. Uma sugestão para mantermos a meta atualizada seria a de converter US$ 1 milhão no seu equivalente em ouro; US$ 10 compram, aproximadamente, 1 grama de ouro, portanto, US$ 1 milhão equivale hoje a 100 quilogramas de ouro puro. Assim, a meta de termos um patrimônio de US$ 1 milhão pode ser traduzida no futuro no equivalente a 100 quilogramas de ouro! Isso vai depender da inflação americana, nos últimos tempos oscilando de 1% a 3% ao ano, e de quanto tempo se passará até que o objetivo de se tornar um milionário seja por você alcançado!

Capítulo 2

DEFINIR OBJETIVOS

Qualquer livro de auto-ajuda, desses que inundam as livrarias, cita a importância de definirmos objetivos de vida quando se trata de alcançar progresso profissional e financeiro. Não restam dúvidas de que a premissa é verdadeira! É difícil caminhar com segurança quando não sabemos para onde ir, seja qual for o setor para o qual nos dirigimos!

Em nossa vida profissional como executivo, trabalhamos em uma empresa privada, nacional, bem-sucedida e estreitamente ligada a uma multinacional americana, líder de mercado no seu nicho de atuação. A multinacional transferia *know-how*, ou conhecimentos acumulados ao longo de muitos anos à coligada brasileira. Uma das áreas em que se gastava, e ainda se gasta, tempo e dinheiro nas duas empresas é em "planejamento", para definir objetivos a serem alcançados a curto, médio e longo prazo.

Os objetivos a longo prazo, em torno de cinco anos, ou dependendo do caso, em muito mais, usualmente são chamados de "estratégias" da empresa – analisa-se a natureza do negócio, onde se quer chegar em faturamento, as possibilidades de fusões e aquisições de outras empresas, a possibilidade de redução de linhas de produtos ou atividades, etc. Para se chegar às conclusões, ou ao estabelecimento das "estratégias", há o envolvimento do mais alto escalão da organização, com uma minuciosa análise das "oportunidades e ameaças" do mercado onde se atua, dos "pontos fortes e fracos" da própria organização e da situação da concorrência. De modo similar, os objetivos de médio prazo estabelecem onde se quer chegar, num horizonte mais palpável, usualmente em um ano. Os de curto prazo, praticamente definem as ações do dia-a-dia do negócio.

Evidentemente, os objetivos de curto prazo estão perfeitamente inseridos no contexto dos de médio prazo e estes, nos de longo prazo, ou nas "estratégias". São, para maior clareza, degraus a serem escalados para se atingir o estabelecido nas "estratégias". É importante mencionar que este tipo de planejamento envolve a clara identificação dos recursos disponíveis para se alcançar os alvos estabelecidos, sejam financeiros, humanos, ou materiais, como máquinas e instalações. Outro aspecto de suma importância é que tudo aquilo que for definido nos objetivos, sejam eles de curto, médio ou longo prazo, precisa ser mensurável, ou seja, a qualquer momento poderemos medir, ou quantificar, o nosso progresso e compará-los com os alvos previamente estabelecidos.

Por exemplo, suponhamos o caso de uma empresa determinada a crescer e que tenha estabelecido um objetivo no sentido de "ser a líder do seu mercado de atuação na venda de um determinado produto". Este objetivo precisa ser traduzido em algo mensurável como "vender US$ 500 mil de um determinado produto no período de um ano para o mercado brasileiro ou para um determinado grupo de clientes". Sabe-se que se a empresa vender cerca de US$ 500 mil do produto em questão no período de um ano para aquele mercado focado, provavelmente será a líder. Nessas circunstâncias, temos o exemplo de um objetivo, de médio prazo, quantificado, definido no espaço e no tempo, cuja execução poderá ser bem acompanhada.

Quais seriam outros aspectos importantes no fato de os objetivos serem mensuráveis? Em primeiro lugar, todos aqueles envolvidos no processo estarão cientes do que deve ser feito, e poderão ser motivados a agir com maior eficiência. Em segundo lugar, com aferições periódicas, pode-se detectar desvios, erros e falhas de execução para serem corrigidos no devido tempo. Em terceiro lugar, pode-se também alterar o próprio objetivo, após concluir oportunamente que a sua definição não foi a mais apropriada. Por exemplo, após algum tempo de trabalho, pudemos identificar que a meta de venda de US$ 500 mil estava baixa, visto que em pouco mais de seis meses havia sido alcançada devido a um crescimento do mercado, e que o número correto para que a empresa se situasse na liderança seria a meta de venda de US$ 700 mil, no período de um ano.

Existem inúmeras publicações e livros a respeito de "gerência por objetivos" e "planejamento". Os conceitos que estamos expondo foram por nós adequadamente adaptados e simplificados para serem utilizados por qualquer pessoa, sem experiência na matéria, mas possuidora dos requisitos mínimos exigidos a um candidato a milionário. E em quase tudo na vida pode-se garantir que o "simples" funciona melhor que o "complexo"!

Deste ponto em diante vamos estabelecer, para maior clareza, que chamaremos os objetivos de longo prazo de "estratégias", os de médio prazo, de "objetivos" propriamente ditos, e os de curto prazo, de "metas".

A título ilustrativo, demos acima o exemplo de um objetivo para uma organização, ou pessoa jurídica. No momento, vamos pensar um pouco em objetivos pessoais, envolvendo um indivíduo ou uma família. A razão primeira de todo esforço de progresso está em nós mesmos, como pessoas. As empresas nada mais são do que veículos para a realização de nossas expectativas no campo profissional, econômico e financeiro. Em outras palavras, antes de planejarmos um "negócio" próprio ou de terceiros, no qual eventualmente prestamos serviços, temos de planejar a nossa vida pessoal!

Sugerimos que o leitor seja prático e proceda da seguinte maneira: estabeleça, inicialmente, que a sua "estratégia" pessoal é se tornar um milionário até os cinquenta anos; dentro de seu horizonte, dependendo de idade, qualificações, situação socioeconômica, experiência, instrução, etc., você poderá até quantificar uma estratégia mais ambiciosa, tanto em valor quanto em prazo, ou seja, mais de US$ 1 milhão e em menos tempo.

Isto posto, vamos estabelecer "objetivos" e "metas" para você chegar lá! É bom lembrar que estamos tratando neste livro apenas dos aspectos financeiros e econômicos dos indivíduos. Vivemos num mundo capitalista onde o dinheiro é extremamente importante, senão imprescindível, na realização de quaisquer planos pessoais! Alguns dizem que dinheiro não traz felicidade, mas ninguém parece ter dúvidas de que ele ajuda!
Voltemos ao estabelecimento dos objetivos e metas pessoais. Em primeiro lugar precisamos fazer uma análise honesta de nosso potencial. Precisamos nos conhecer em profundidade. Vamos listar, de um lado, os nossos "pontos fortes" ou qualidades e de outro lado, nossos "pontos fracos" ou vulnerabilidades. É exatamente o que deveríamos fazer se estivéssemos analisando uma empresa! Anote todos os "pontos" de que se lembrar, não importando se perfeitamente coerentes e significativos. É o que se chama, nas empresas, de *brainstorming* ou "tempestade de idéias", na sua melhor tradução. Anote os aspectos relativos à sua personalidade, como timidez ou extroversão, carisma, liderança, conservadorismo, agressividade, ansiedade, calculismo e, ainda, apresentação física, sociabilidade, facilidade de expressão, etc. Aspectos relativos a conhecimentos, como idiomas falados, nível de instrução e áreas técnicas em que você é bom ou excelente. Considere também seu nível social, econômico e financeiro, conhecimento de outras regiões ou países, relacionamentos com pessoas de destaque, etc.

Terminado este *brainstorming*, verifique cuidadosamente a listagem e elimine, agrupe ou acrescente o que julgar mais característico de sua pessoa até chegar a não mais do que 10 "pontos fortes" e 10 "pontos fracos" realmente definidores de suas características essenciais. Exemplo:

Pontos fortes:
- trabalhador persistente
- extrovertido, de fácil relacionamento
- jovem, com ótima saúde
- curso superior
- facilidade de expressão

Pontos fracos:
- desconhece outros idiomas
- classe média baixa
- não tem perfil de líder
- interiorano e pouco viajado
- pouca experiência profissional

Passemos agora a uma segunda fase de planejamento; oportunamente usaremos os dados acima.

Dependendo da área de negócios em que estamos trabalhando ou da área em que pretendemos trabalhar, seja porque estamos em início de carreira ou porque pretendemos mudar de ramo de atividades, devemos listar o que é fundamental, sob nossa ótica, para termos sucesso nessa área específica. Conforme procedimento adotado na primeira fase, utilize-se da técnica do *brainstorming*, listando o que lhe passar na mente relativo ao assunto, sem maiores preocupações, nesta fase, com a qualidade do trabalho, para evitar bloqueios mentais. Feita a listagem, agora sim, analise meticulosamente cada idéia anotada, eliminando as de pouca importância, agrupando aquelas com o mesmo sentido, acrescentando outras não previamente listadas até chegar a uma seleção de não mais do que cinco idéias extremamente relevantes. Essas "idéias" selecionadas chamaremos de "áreas de resultado crítico" ou de "áreas de excelência". Como o próprio nome diz, essas idéias referem-se àquelas áreas em que é preciso alcançar a excelência para o sucesso do negócio. Não importa se estamos tratando do planejamento pessoal, do planejamento de uma empresa, ou de um setor de uma empresa, o conceito é o mesmo.

Por exemplo, se a pessoa da qual listamos os "pontos fortes e fracos" estiver estudando a possibilidade de iniciar sua carreira como empregado, na função de vendedor de uma empresa do ramo de máquinas agrícolas, nesta etapa de seu planejamento pessoal provavelmente ele selecionaria, dentre outras, as seguintes "**áreas de excelência**" para o sucesso na função:

- ótima sociabilidade
- facilidade de comunicação oral
- capacidade de transmitir respeitabilidade e honestidade
- trabalhar com produto ou empresa de primeira linha
- conhecimento do produto, mercado e técnicas de venda.

Com o "perfil" de quem está elaborando o seu planejamento pessoal definido, com as "áreas de excelência" da atividade em questão listadas, passemos à terceira fase do trabalho.

Trata-se da análise do mercado, no que diz respeito às "oportunidades" e "ameaças" de que dispomos para enfrentar os diferentes concorrentes. São fatores que existem, independentemente de nossa vontade, colocados de fora para dentro do nosso meio ambiente. Da mesma maneira utilizaremos da técnica do *brainstorming* e listaremos cerca de cinco "oportunidades" e cinco "ameaças" mais significativas. No caso de nosso exemplo, hipoteticamente poderíamos relacionar para a função em análise:

Oportunidades

- áreas de culturas mecanizadas em expansão,
- disponibilidade de financiamentos para aquisição de máquinas,
- ampliação dos contatos pessoais e círculo de relações,
- ramo de negócios com grande procura de profissionais competentes,
- possibilidade de estabelecer uma base para negócio próprio no futuro.

Ameaças

- ganhos sujeitos à sazonalidade do mercado,
- possibilidade limitada de ascensão profissional na empresa,
- riscos de mudança repentina na política governamental para o setor,
- alta inadimplência do setor agrícola.

Estamos agora prontos para fecharmos o "planejamento". Temos uma única "estratégia" estabelecida, a de nos "tornarmos milionários aos cinqüenta anos". Com os dados levantados nas etapas anteriores o proxímo passo será definirmos os "objetivos" e respectivas "metas" a serem perseguidos para chegarmos lá! A técnica usual para essa etapa consiste em:

- valorizar os "pontos fortes" e neutralizar os "pontos fracos",
- maximizar as "oportunidades de mercado",
- minimizar as "ameaças de mercado", sempre com ênfase nas "áreas de excelência". Recomenda-se de três a seis objetivos anuais para a maioria dos casos.

No exemplo, se o indivíduo está por iniciar uma nova atividade, idealmente ele deve escolher o ramo de negócios em que os seus "pontos fortes" são de extrema importância, e os "pontos fracos" pouco significativos para atender ao que foi estabelecido nas "áreas de excelência".

Definição de um "objetivo" hipotético com as respectivas "metas" para o caso exemplificado:

Objetivo

- auferir ganhos salariais de, no mínimo, US$ 20 mil em um ano, poupando 30% deste valor.

Metas

- ingressar numa empresa que representa produtos de primeira linha;
- identificar 20 novos clientes em potencial no primeiro trimestre de trabalho;
- fazer, pelo menos, cinco apresentações técnicas mensais de produto aos clientes da carteira de cobertura.

Observe que tanto o "objetivo" quanto as "metas" para atingi-lo são mensuráveis a qualquer momento. Seguindo-se a mesma linha de raciocínio, os outros objetivos precisam ser estabelecidos de tal modo que se possa estar seguro de que, ao cumpri-los, estamos cada vez mais próximos do alvo estabelecido na "estratégia" de nos tornarmos milionários até os cinqüenta anos!

Abordamos o exemplo de uma pessoa física. A metodologia é exatamente a mesma para o planejamento de uma pequena empresa ou para um departamento de uma grande organização. A diferença, neste último caso, é que as "estratégias", costumeiramente, vêm estabelecidas pelo primeiro escalão da organização. No caso do negócio de um único dono, os objetivos pessoais, praticamente, se igualam aos objetivos da empresa.

Usualmente, adota-se um ciclo anual de planejamento quando as "estratégias" são revistas, podendo sofrer alguma alteração e os objetivos e metas definidos para o próximo período. Nessa ocasião, todo o processo de planejamento descrito neste capítulo é novamente percorrido.

As aferições das metas e objetivos são feitas com freqüência, variando de um mês a um ano, dependendo de cada caso.

CAPÍTULO 3

ECONOMIZAR PARA O FUTURO

Para se tornar um milionário até os cinqüenta anos é preciso gerar recursos e poupar. A poupança, acumulada ao longo dos anos, é que permitirá realizar investimentos oportunos, multiplicadores de riquezas!

Poupar, no Brasil, não é uma tarefa das mais simples. Vivemos num país economicamente instável onde, com freqüência, se é surpreendido com pacotes e planos governamentais. Em contrapartida, decorrente dessa instabilidade, as oportunidades de ganhos elevados em aplicações no mercado financeiro a médio e longo prazo são inúmeras, propiciando juros reais acima da inflação, mas devido às bruscas mudanças políticas é necessária uma boa dose de cautela para evitar prejuízos ou perdas de ganhos anteriormente auferidos.

Segundo os especialistas na matéria, a maneira mais recomendada para se proteger contra essas freqüentes alterações de rumo é a diversificação de investimentos. No início de carreira, quando o nível de poupança é baixo, o melhor conselho seria o de depositar os recursos numa instituição financeira sólida e num tipo de aplicação sem maiores riscos. Menos ganhos, menos riscos! Resista, nesta fase, à tentação de investir em ativos de alta volatilidade, como bolsas de valores, *commodities* ou instituições que prometem elevados retornos a curto prazo. Assim que o montante poupado começar a crescer, à custa basicamente de suas economias periódicas, procure diversificar os investimentos, sempre priorizando a qualidade sobre a rentabilidade.

Sugerimos, assim que for viável, a aplicação em bens imóveis, em locais de comprovada liquidez. Esse tipo de aplicação, no Brasil, tem mostrado bom ou excelente retorno, desde que sejam seguidas algumas diretrizes básicas. Devemos pensar sempre em liquidez, selecionando imóveis situados em locais de expansão urbana ou rural, com mercado ativo. Compre áreas menores mas de qualidade! Resista à tentação de comprar barato, em regiões pobres, na expectativa de uma valorização que é incerta. Priorize, no caso, a qualidade sobre a quantidade! Com essas diretrizes em mente, nunca erramos. Estaremos fazendo, com certeza, uma excelente poupança para o futuro.

Simplificadamente, o caminho recomendado a ser percorrido nesta fase é o seguinte:

- poupar parte dos recursos gerados, sendo frugal nos gastos e estilo de vida,
- realizar aplicações periódicas no mercado financeiro,
- e, quando possível, comprar imóveis de alta liquidez, pagando à vista, obviamente com desconto.

Ao investir em imóveis é importante ter em mente o custo de taxas e impostos incidentes. Em determinadas situações, o conhecido imposto predial ou territorial, bem como o de transmissão intervivos, despesas com escritura e registro, podem inviabilizar o negócio – faça os cálculos!

Nessa fase de sua vida, com certeza será assediado por parentes e amigos, no sentido de conceder empréstimos ou ajuda financeira. Afinal você é uma pessoa bem-sucedida! Se não souber, comece a aprender a dizer não!

Achamos muito justo socorrer os menos afortunados. Na quase totalidade dos casos eles fazem parte daquele grupo de pessoas que não planejam, não se esforçam, não se preparam, não são frugais, enfim, têm um comportamento oposto ao preconizado neste livro. Assim sendo, o socorro àqueles que nos rodeiam, se concedido, deverá ser para a solução de problemas pessoais do tipo subsistência, saúde, alimentação, moradia, instrução, etc., e nunca para resolver pendências de negócios malconduzidos. Neste caso você estará assumindo o ônus de uma ação realizada por outro, exatamente ao contrário de tudo o que você planejou, com prejuízos inevitáveis à sua trajetória em busca do sucesso.

Resista também aos convites para participar de negócios em sociedade, com amigos ou parentes sem maiores qualificações. Na quase totalidade dos casos você entrará com o dinheiro e assumirá os prejuízos! Basicamente, para você poder pensar em estabelecer uma sociedade, o sócio ou sócios em potencial, após exaustivos estudos, deverão apresentar maiores recursos financeiros que você, serem pessoas de reconhecida capacidade de trabalho, talentosas e ainda, indivíduos honestos como supostamente você o é! Uma pessoa honesta não pode fazer negócios com elementos desonestos nos seus propósitos, pois as regras são diferentes, e o honesto, inevitavelmente, será o prejudicado.

Ao estabelecer seus objetivos e metas anuais, visando se tornar milionário até os cinqüenta anos, você terá agora de incluir o tópico "aplicações de recursos". É importante gastar tempo e raciocínio, planejando onde investir sua poupança, sempre considerando os aspectos de segurança, liquidez, diversificação e rentabilidade, de preferência, nessa ordem de prioridade.

Ser frugal, ter hábitos de vida modestos e sem ostentação não implica que você deva ser conhecido como um "pão duro" ou mesmo "miserável". Você deve ser reconhecido como uma pessoa metódica e que gasta racionalmente visando retorno. Fazemos essa observação porque o candidato a milionário tem de procurar selecionar e ampliar o seu círculo de relações. Não estamos falando de amizades, porque essas são um aspecto de vida íntima, mas de relações profissionais e comerciais. As oportunidades de emprego, de investimentos, ou de negócios de um modo geral, surgem em função do nosso círculo de relações. É muito difícil realizar sozinho! O dinheiro dispendido na seleção e ampliação do círculo de relações profissionais e comerciais, não é um gasto mas, quase sempre, um investimento com retorno garantido.

A apresentação pessoal é outro item que não pode ser descuidado. É necessário mostrar que você caminha na estrada do sucesso. As pessoas bem-sucedidas gostam de se aproximar e realizar negócios com indivíduos do mesmo nível. Gastos moderados, compatíveis com a sua atual situação, são imprescindíveis nesta fase, sejam com a própria aparência, moradia, meio de transporte, ou mesmo com clubes e restaurantes.

Atente para o fato de que os centros urbanos mais desenvolvidos, e não estamos falando aqui somente das grandes cidades, usualmente oferecem maiores oportunidades. Existem cidades de porte médio, em pleno desenvolvimento econômico, ideais para se construir uma carreira de sucesso.

Outro aspecto fundamental é que você precisa estar atualizado. Para planejar e executar com eficácia é preciso ter conhecimentos específicos de sua atividade profissional, e gerais, principalmente aqueles relativos ao mundo dos negócios. É indispensável investir no próprio treinamento e aperfeiçoamento, seja freqüentando cursos e seminários sobre gerência e planejamento, línguas, informática, etc., como também manter-se atualizado através da mídia.

Sem querermos ser repetitivos precisamos fazer mais uma consideração importante sobre o investimento do dinheiro disponível. Ressaltamos a importância da liquidez nos investimentos imobiliários, ou seja, possibilidade de transformar o investimento em dinheiro quando necessário, em curto prazo. Existe um ditado que diz "antes de entrar num buraco saiba como sair". Certas aplicações financeiras, em bens imóveis ou participações em negócios, podem se transformar em verdadeiras armadilhas ou "buracos", de onde não é fácil escapar. Algum deslize neste sentido pode acontecer mas deve ser evitado a todo custo.

Nos livros de economia aparece a chamada "lei de Murphy" que estabelece o princípio de que "se algo tem chance de sair errado, provavelmente acontecerá". Murphy chegou a demonstrar o seu princípio fazendo associações com fenômenos físicos. Também é uma maneira de encarar um fato novo, ou seja, se um investimento tem chances de ser um fracasso, não arrisque, abandone-o!

O mundo dos negócios não é um jogo de azar. Riscos existem mas têm de ser calculados e previstos, e as saídas identificadas antecipadamente. Outro interessante princípio afirma que "se algo acontece uma vez, pode ser que não aconteça uma segunda vez mas, se acontece duas vezes é quase certo que acontecerá uma terceira e outras sucessivamente". Traduzido para o ambiente de negócios isso significa que, se erramos num empreendimento uma vez, pode ser que não erremos mais, pois aprendemos e corrigimos o erro; mas se erramos uma segunda vez, é quase certo que erraremos novamente ao tentarmos algo similar. Portanto, se você tentou e errou uma vez, somente inicie algo semelhante na certeza de que dará certo! De maneira similar, se acertarmos uma vez com determinado tipo de investimento ou negócio, pode ser que não acertemos uma segunda vez mas, se isto acontecer, provavelmente acertaremos sempre!

Nos alongamos um pouco falando de investimentos, porque nessa fase de poupança é importante não andar para trás. É preferível ir devagar, mas sempre adiante, do que se sujeitar a grandes riscos de percurso, com graves conseqüências. Incidentes ocasionais vão acontecer, devem ser analisados, incorporados à experiência e considerados no planejamento dos objetivos para serem evitados nos passos seguintes.

CAPÍTULO 4

IDENTIFICAÇÃO DE UM NEGÓCIO

Algumas pessoas, numa determinada época de suas vidas, sentem-se tentadas a iniciar um negócio próprio, embora esta não seja uma condição indispensável para alguém se tornar milionário até os cinqüenta anos. Aqueles que estão tendo um bom ou excelente progresso como empregados, ou então, como profissionais liberais, podem retardar ou dispensar esta opção.

Entretanto, as pessoas do tipo "empreendedor", ou *entrepreneur* no linguajar internacional, dinâmicas e desejosas de alcançar um grande progresso em prazo mais curto, usualmente agarram a oportunidade de se tornar empresárias, tão logo ela se mostra.

Dissemos não ser essa uma condição indispensável, mas é desejável pelas seguintes razões principais:

- permite alçar "altos vôos"
- traz grande dose de auto-realização
- elimina a figura do patrão.

Entretanto, junto com as vantagens, vem o risco, o trabalho redobrado e preocupações adicionais.

Certamente, para se tornar milionário até os cinqüenta anos, estão comodamente excluídos desta eventual necessidade o grupo de privilegiados que exerce cargos políticos ou públicos nos primeiros escalões do governo ou de empresas estatais.

Ou ainda, o grupo dos "bafejados" pela sorte que se torna ídolo de multidões nas profissões de jogador de futebol, artista e apresentador de televisão, dentre outras.

Estamos focando a maioria absoluta dos mortais que para alcançar o sucesso tem de se preparar com afinco, trabalhar duro, enfrentar inúmeras adversidades e pagar pesadas taxas e impostos, inclusive para sustentar uma grande parcela dos anteriormente mencionados.

Voltemos ao tema deste capítulo que é o de "identificar" um negócio. Existem inúmeras orientações neste sentido mas que, na sua maioria, não são práticas. Vamos apontar algumas regras básicas e simples a serem seguidas, que aumentarão sobremaneira as chances de sucesso do novo negócio.

Antes de mais nada deve-se cuidar para que a atividade em estudo se enquadre no nosso perfil no que diz respeito à experiência e conhecimentos adquiridos, seja técnica, comercial, gerencial ou financeira e, ainda, com relação à experiência com as características do futuro mercado. Devem-se conhecer os hábitos dos prováveis clientes, quanto à pontualidade de pagamento, por exemplo, e o nível de atuação da concorrência existente.

Se você ainda não tem esse *curriculum*, face a um possível empreendimento, não entre no negócio! Trate antes de adquiri-lo, pois do contrário suas chances de sucesso serão mínimas! A melhor maneira de adquirir este *background* é trabalhando para terceiros. Não necessariamente a experiência e conhecimentos têm de ser adquiridos em uma empresa com atividades idênticas ao do negócio em estudo, exceções feitas a certas áreas de alta especialização.

Decidindo entrar no novo negócio, mesmo que suas habilitações não sejam as mais indicadas, inicie-o em escala reduzida, lembrando-se do princípio de "antes de entrar num buraco saiba como sair", se precisar, de preferência ileso. De cada 100 micro e pequenas empresas abertas no Brasil, dados de 1988, com faturamento anual de até R$ 1,2 milhões, 56 fecharam suas portas até o terceiro ano de operação e dentre essas, 35 somente completaram o primeiro ano e 11 o segundo, conforme estatísticas do Ipea (Instituto de Pesquisas Econômicas). Com certeza, a maioria absoluta desses pretensos empresários não atentou para o disposto acima!

Outro aspecto, de não menos importância, é que não basta ter a experiência e conhecimentos exigidos, mas a experiência deverá ter sido bem-sucedida!

Resumindo, se você tem a experiência e os conhecimentos adequados, se a experiência foi bem-sucedida, e se o negócio se adapta a sua personalidade, você está perfeitamente apto a geri-lo com sucesso. Resta saber se esse negócio apresenta boas condições de viabilidade.

Para tanto, vamos elaborar o que passaremos a chamar de "planilha de viabilidade". Esta planilha é uma espécie de calibre "passa não passa", muito usado em engenharia mecânica, para verificação das dimensões de uma peça fabricada. Com a utilização deste calibre, rapidamente pode-se aceitar ou rejeitar a peça, em função das especificações. Analogamente, a "planilha de viabilidade" tem esse propósito, com vistas à "viabilidade econômica e financeira" de um empreendimento.

O roteiro para a elaboração da planilha, consiste dos seguintes passos (os cálculos devem ser elaborados para um mês típico, ou para um ano):

1 – Estime o **faturamento** do negócio.

2 – Calcule a **margem bruta** sobre o faturamento; a margem bruta é a diferença entre o preço de venda e o de custo, normalmente expressa em percentual do preço de venda, como 20% ou 10%, por exemplo.

3 – Calcule a **margem líquida**, que é igual à margem bruta menos os impostos diretos, como diferenças de ICMS, PIS, IPI, Cofins, etc.

4 – Relacione as **despesas**; agrupe-as em itens conforme esclareceremos a seguir.

5 – Calcule o **lucro bruto** (ou prejuízo) estimado, deduzindo as despesas da margem líquida.

Observação: sobre o lucro bruto, isto é, se o resultado anterior foi positivo, hoje ainda incidem a contribuição social e o Imposto de Renda, antes de se ter o lucro líquido.

Antes de mostrarmos como se deve analisar a "planilha de viabilidade", vamos explicitar o item 4 da página anterior, relativo a despesas. Nossa sugestão é a de se dividir a conta de despesas, em subitens como, por exemplo:

4.1 – Salários e encargos trabalhistas. Hoje os encargos diretos e indiretos giram em torno de 80% a 110% dos salários, exceção feita às atividades agropecuárias e outras especiais.

4.2 – Veículos; despesas com depreciação, manutenção e operação (combustíveis, pneus).

4.3 – Aluguéis de imóveis.

4.4 – Despesas com máquinas e ferramentas perecíveis.

4.5 – Telefone, fax, energia elétrica, informática, material de escritório.

4.6 – Promoção e propaganda.

4.7 – Despesas com escritórios de contabilidade e de advocacia; (supondo que sejam serviços terceirizados).

4.8 – Eventuais; 5% do total dos subitens acima como reserva para despesas não-relacionadas.

4.9 – Custo financeiro de vendas a prazo e percentual de perdas por inadimplência completa (calote); considere as taxas normais de aplicações no mercado financeiro para este cálculo.

4.10 – Custo do capital investido e de giro; refere-se ao montante necessário para tocar o empreendimento (investimentos em móveis e imóveis, estoques, contas a receber, etc.); calcule quanto custa este capital no período, adotando da mesma forma o rendimento de aplicações no mercado financeiro.

4.11 – Depreciação de máquinas e equipamentos próprios, se for o caso.

Evidentemente, dependendo do negócio em análise, podem existir outros itens de despesas, mais ou menos importantes, a serem considerados. Mas na maioria esmagadora dos casos, envolvendo pequenas e microempresas, a listagem sugerida é adequada.

Vamos agora tirar as conclusões da "planilha de viabilidade". Como regra geral, o lucro bruto apurado no item 5, para que o negócio em estudo seja considerado interessante, deve ser no mínimo de 10% do faturamento estimado no item 1, no período considerado mensal ou anual. Esse percentual pode oscilar em função do tipo de negócio, face a fatores como montante de capital investido, nível de vendas ou faturamento, riscos, expectativas de crescimento, tecnologia empregada, etc. Deve-se usar uma boa dose de bom senso para se fixar um percentual adequado de lucro bruto, nesses casos especiais.

Outro aspecto a ser investigado na planilha é que o retorno do capital investido (item 4.10), deve ser inferior a cinco anos, exceção feita aos casos especiais mencionados, e remunerado por uma taxa superior às de mercado. Em "economês", diz-se que a taxa interna de retorno tem de ser superior às de mercado.

Todavia, se o lucro bruto é superior a 10% do faturamento, o retorno do capital investido, com certeza, será satisfatório quanto a prazo e taxa de remuneração.

Se o negócio não passou nessa primeira aferição do calibre "passa não passa", a conclusão é que não é viável. Ou seja, desista desse empreendimento e procure outro!

E ainda, se você teve dificuldades na montagem da planilha, o mais indicado é que postergue o investimento e se prepare melhor – é quase certo que você ainda não tem a experiência e os conhecimentos necessários para iniciar um negócio próprio! Mas, se mesmo assim, você se decidir por tocar o empreendimento que se mostrou muito interessante, o caminho seria contratar uma assessoria ou gerência competente para levá-lo adiante. Nessas circunstâncias lembre-se de começar devagar, pois você está andando em terreno desconhecido! Os custos dessa assessoria ou gerência, evidentemente, devem ser agregados aos valores das despesas.

O tamanho do negócio selecionado deve ser compatível com a sua expectativa de remuneração pessoal, isto é, o lucro bruto deve cobrir o valor de seu trabalho e gerar dividendos adicionais para garantir o retorno do investimento.

Se você tem uma boa formação em matemática, apesar de não estarmos escrevendo para economistas, poderá calcular a taxa interna de retorno já mencionada, para os prazos que desejar, com base nos dados da planilha. Para quem se interessar, esta taxa significa o percentual aplicado sobre as parcelas de dinheiro que você injeta no negócio para que o montante se iguale às parcelas que você retira também remuneradas com base na mesma taxa, num determinado período. A taxa interna de retorno deve ser, no mínimo, o dobro da aplicação usual no mercado financeiro, para que o negócio se justifique. Nessa situação você estaria recebendo pelo seu capital, através de sua empresa, o dobro do que oferece o mercado financeiro.

Existem alguns tipos de negócios, em que parte substancial do valor aplicado no investimento não precisa, ou deve, ser amortizado, por não haver depreciação. O valor real do capital empatado é mantido ou cresce, descontada a inflação. É o caso de imóveis urbanos ou rurais, estrategicamente localizados, que se valorizam com o passar do tempo. Voltaremos, especificamente, a este ponto, quando enfocarmos a agropecuária.

Ao se elaborar uma planilha de viabilidade, não há necessidade de se considerar taxas inflacionárias, pois esta incidirá tanto nos itens de receita quanto nos de despesas, mantendo praticamente inalterado o resultado final, em termos percentuais.

Outro cálculo que pode se mostrar interessante para os familiarizados com matemática financeira é a determinação do NPV (Net Present Value) ou Valor Presente Líquido. O conceito do NPV, numa explicação simples, é baseado no fluxo de caixa do empreendimento, para um determinado período analisado. Estima-se uma taxa de retorno desejável, por exemplo, o dobro da remuneração paga pelo mercado financeiro. Trazemos todos os valores para o momento presente. Se o resultado for positivo, significa que o negócio é financeiramente interessante, ou seja, está remunerando o capital numa taxa superior ao dobro da oferecida no mercado.

Para quem se interessar, as calculadoras financeiras de bolso, existentes no comércio, permitem calcular com facilidade tanto a taxa interna de retorno quanto o NPV. Não obstante, esclarecemos que estes indicadores são perfeitamente dispensáveis para uma análise satisfatória da planilha de viabilidade.

CAPÍTULO 5

GERENCIAMENTO DE UM NEGÓCIO

Sobre o tópico em questão existem no mercado inúmeras publicações tratando dos mais diversos assuntos correlatos, como "instrumentos gerenciais", "controles de custos", "marketing", "motivação de pessoal", "sistemas de remuneração", "planejamento", "gerência por objetivos", etc. Existem trabalhos de qualidade e, outros tantos, péssimos. Como não nos interessa discorrer sobre o que já foi exaustivamente falado e escrito vamos tratar de algumas regras e controles básicos e fundamentais que, na maioria dos casos, são perfeitamente suficientes para o bom gerenciamento de um negócio.

Esta nova fase de trabalho vem em seqüência à planilha de viabilidade, tratada no Capítulo 4. Ou seja, se decidimos iniciar um negócio, tendo em vista o resultado favorável mostrado na planilha, precisamos fazê-lo profissionalmente para garantia de sucesso.

Antes de mais nada, vamos **planejar** o novo negócio. É uma tarefa relativamente simples, mas que tem de ser feita, sob pena de cairmos na vala comum dos fracassados!

Conforme explicamos no Capítulo 2, precisamos definir as "estratégias", os " objetivos" e as "metas" da atividade, não importando se a mesma será exercida por pessoa jurídica (empresa) ou pessoa física.

Recapitulando, comece por relacionar os "pontos fortes" e os "pontos fracos" de seu novo negócio, depois as "áreas de excelência" e, em seguida, as "oportunidades" e "ameaças" impostas pelo mercado. Lembre-se de utilizar a técnica do *brainstorming*. Se existirem sócios, obviamente, o trabalho tem de ser feito em conjunto.

Com os dados em mãos, defina de uma a três "estratégias", ou objetivos a serem alcançados a longo prazo.

Conforme mencionamos, a metodologia a ser seguida para uma empresa, seja própria ou de terceiros, é a mesma que descrevemos no Capítulo 2 para o planejamento pessoal. Em se tratando de um negócio próprio, os seus objetivos pessoais, do ponto de vista econômico e financeiro, começarão a caminhar muito próximos com os de sua empresa.

Lembre-se, novamente, que ao estabelecer os objetivos você deverá sempre:

- valorizar seus "pontos fortes" e maximizar as " oportunidades" de mercado;
- neutralizar seus "pontos fracos" e minimizar as "ameaças" de mercado;
- contemplar as "áreas de excelência" ou "áreas de resultado crítico", ou seja, os objetivos devem garantir resultados positivos nestas áreas vitais para o sucesso do empreendimento.

Desta maneira, com as "estratégias" já definidas, da mesma forma defina seus "objetivos" anuais, não mais do que uma meia dúzia, e respectivas "metas" de curto prazo, para alcançá-los. Tudo tem de ser quantificado, em valores e em prazos, para que se possam medir os resultados!

É bem provável que alguns leitores, neste ponto, estejam de certo modo confusos. Vamos dar um exemplo para melhor elucidar o assunto.

Suponhamos, por hipótese, que resolvemos estudar um negócio de "revenda de tratores agrícolas". Elaboramos a "planilha de viabilidade" e o empreendimento se mostrou interessante, pois o lucro bruto resultou num valor superior a 10% do faturamento, e o retorno do capital investido, seguramente, ocorrendo em menos de cinco anos. Como a nossa experiência para o tipo de atividade é boa e temos os recursos financeiros exigidos, decidimos pela implementação da empresa.

Vamos, então, arregaçar as mangas e elaborar o nosso primeiro planejamento. Seguindo a metodologia descrita, concluímos:

Pontos fortes
- empresa bem capitalizada;
- marca representada líder no mercado;
- empresa nova, sem quaisquer passivos;
- instalações novas e adequadas;
- excelente suporte da fábrica;
- ampla linha de implementos;
- excelente marketing da fábrica.

Pontos fracos
- pessoal com baixa ou nenhuma experiência;
- margem de vendas reduzida;
- baixa competitividade em peças de reposição originais;
- empresa nova, sem *know-how*.

Áreas de excelência ou áreas de resultados críticos
- suporte pós-venda ao produto;
- agressividade em vendas, com contatos pessoais aos clientes;
- financiamento de vendas;
- recebimento de máquinas usadas nos negócios (*trade-in*);
- marketing agressivo.

Oportunidades de mercado
- financiamentos disponíveis na rede bancária para máquinas novas;
- necessidade de renovação de frota pelos clientes;
- crescimento da área cultivada a curto prazo;
- conscientização, pelos clientes, das vantagens da mecanização plena.

Ameaças de mercado
- risco de crescimento da taxa inflacionária a médio prazo;
- entrada de mais um concorrente no mercado a curto prazo;
- falta de financiamento de terceiros para máquinas usadas;
- mercado paralelo domina a venda de peças.

Estratégias ou objetivos de longo prazo

1 – Ser o revendedor líder na área, em cinco anos, com a venda de 100 a 150 unidades novas por ano, participando com, no mínimo, 35% do mercado.

2 – Trabalhar com estoque reduzido de duas máquinas novas, dez usadas e US$ 50 mil em peças de reposição.

3 – Desenvolver o negócio de peças e componentes usados, com o desmanche de tratores usados, atingindo 12% do faturamento em cinco anos.

Objetivos e metas:

Objetivo 1 – Faturamento anual de US$ 2 milhões.

Metas:
- Vendas mensais:
  10 tratores novos.
  US$ 20 mil em peças de reposição.
  US$ 10 mil em implementos.
  US$ 5 mil em tratores usados.
- Realizar mensalmente um *Open House*, com apresentação de produto, para clientes.

Objetivo 2 – 80% das vendas de tratores novos financiados por bancos.

Metas:
- Contatos mensais com gerentes de bancos feitos pela diretoria e pelos vendedores.
- Reciclagem trimestral do pessoal de vendas sobre financiamentos pela diretoria.

Objetivo 3 – Venda dos tratores usados em, no máximo, 60 dias.

Metas:

- Desenvolver mercado de compradores de tratores usados, fora da região, em seis meses.
- Desenvolver uma linha de financiamento de médio prazo, para tratores usados, em 3 meses.
- Efetivar estudo preliminar para o negócio de desmanche e venda de peças e componentes usados durante o ano.

Objetivo 4 – Estabelecer previsões anuais, mês a mês, de venda e de despesas.

Meta:

- Medições mensais do previsto *versus* o realizado.

Objetivo 5 – Elaborar programa anual de treinamento, em 60 dias.

Metas:

- Treinamento bimestral em vendas, com suporte da fábrica.
- Dispender, no máximo, US$ 3 mil no ano, nesta atividade.

Objetivo 6 – Terceirizar os serviços de contabilidade e pessoal.

Meta:

- Contratar os serviços em 30 dias.

Observe que, tanto as "estratégias" quanto os "objetivos" e "metas" são mensuráveis. As medições serão feitas periodicamente para que os desvios identificados sejam corrigidos no devido tempo, ou então, para que os objetivos e metas sejam reavaliados.

É importante frisar que, sendo o lucro a razão principal de qualquer empreendimento no mundo capitalista, este deverá ser sempre bem calculado e acompanhado.

No estabelecimento das "estratégias", "objetivos" e "metas" as pessoas-chave da empresa ou do negócio, precisam ser totalmente envolvidas e estar cientes de que tudo o que foi decidido é para valer. O desempenho de cada um dos envolvidos deve ser avaliado em função dos resultados alcançados face ao que foi planejado. Nesse sentido é altamente recomendado que, pelo menos o pessoal-chave, tenha a sua remuneração vinculada a conseguir atingir os objetivos e respectivas metas. É o que se costuma chamar de "avaliação de desempenho por resultados", ou simplesmente, "remuneração por resultados".

Existe uma tendência natural das pessoas a não dispender muito tempo em "planejamento", seja no próprio negócio ou no trabalho para terceiros, bem como na sua vida pessoal. No entanto trata-se de um exercício fundamental para o sucesso! Há que se gastar tempo, e reflexão, nessa atividade.

O "planejamento" indica rumos a serem seguidos, acusando eventuais desvios e permitindo as correções no devido tempo. Dessa maneira, "planejar" não é uma atividade estática como pode parecer à primeira vista mas, pelo contrário, muito dinâmica. De tempos em tempos, fazemos as nossas medições, identificamos os desvios, implantamos correções de execuções e, se for o caso, reestabelecemos novos objetivos e metas. Na prática, em se tratando de uma empresa, realizamos medições mensais e anualmente revisamos todo o processo. Com o passar do tempo, esses procedimentos vão ficando mais claros e o trabalho mais simples, fluindo com naturalidade. Os resultados que se desviam do planejado também vão se reduzindo devido a um melhor conhecimento do negócio e do seu gerenciamento, embora nunca deixando de existir, pois tanto as condições internas da empresa quanto as do mercado, mudam constantemente. É justamente devido a essas mudanças contínuas que o trabalho de "planejamento" se coloca como uma ferramenta indispensável na condução de qualquer negócio.

Você deve estar se questionando sobre o fato de existirem pessoas capazes de conduzir uma atividade econômica com sucesso e sem um planejamento formal. É verdade, mas seguramente essas pessoas têm uma capacidade fora do normal para gerir intuitivamente um empreendimento, ou então, lidam com negócios "da china", do tipo sem concorrência, com apadrinhamento político, ou mesmo ilegal. Se a pessoa é intuitiva, certamente gerencia uma atividade de pequeno porte que não poderá crescer por falta de delegação de responsabilidades e, portanto, sem planejamento.

Assim, se for um negócio normal, a ser gerido por uma pessoa também normal como você provavelmente é, que deseja ter resultados acima da média do mercado, ganhar dinheiro e crescer, enfim, ter sucesso, há que se gastar tempo e profundas reflexões em "planejamento".

Neste capítulo, tratamos até agora do "planejamento", como um instrumento gerencial indispensável para o sucesso de um empreendimento, para estabelecer rumos para o futuro face às informações do presente e do passado. No entanto, existem outras ferramentas que precisam ser aplicadas simultaneamente. Aliás, são ferramentas básicas que, de uma forma primária ou não, sempre são utilizadas, mesmo para aqueles negócios citados como anormais ou conduzidos por indivíduos em situação privilegiada.

Ao elaborarmos a "planilha de viabilidade", num primeiro momento, temos de estimar receitas, despesas, capital de giro e investimentos requeridos pelo negócio em questão. Ao decidirmos pela sua implementação, é imperativo detalharmos e afinarmos as estimativas preliminares, o que resultará nos seguintes instrumentos gerenciais indispensáveis e complementares ao "planejamento":

Previsão de receitas, ou de vendas

Detalhadas mês a mês, por um período de um ano (exercício fiscal), em valores monetários e, se conveniente, em unidades. Calcular valores brutos e líquidos (sem os impostos diretos), e as margens de lucro.

Previsão de despesas

Também detalhadas mês a mês e pelo mesmo período, agrupadas no menor número de contas possível, mas que permitam um bom acompanhamento.

Fluxo de caixa

Para exibir as "entradas" e "saídas" monetárias, considerando o capital disponível (caixa), os recebimentos (contas a receber) e pagamentos (contas a pagar) previstos. O fluxo de caixa, usualmente, é feito por um curto período de tempo (diário, por até 15 ou 30 dias), pelo fato de exigir maior precisão e revisões contínuas.

Controle de estoques

Para exibir as mercadorias à venda e estoques de matérias-primas ou insumos. Em empresas de fabricação ou revenda é onde está o grosso do dinheiro.

Controle de ativos

Contém a relação de máquinas, equipamentos e ferramentas não-perecíveis, utilizadas na produção, prestação de serviços e vendas.

Controle de pessoal ou Recursos humanos

Contém a relação dos empregados, com salários, cargos, últimas alterações salariais, promoções, folhas de ponto e outras informações de interesse.

Evidentemente, existem outros controles que podem ser importantes, dependendo de cada negócio, mas seguramente, os listados são os necessários e suficientes para a maioria absoluta dos pequenos e médios empreendimentos brasileiros. É importantíssimo frisar que os controles devem ser os mais simples e em menor número possível, e somente os necessários para se ter um bom retrato do negócio.

No caso, o que "abunda" é prejudicial. Qualquer controle que não seja manuseado freqüentemente deve ser eliminado.

Com os dados fornecidos pelos relatórios de controle descritos teremos sempre um retrato atualizado do empreendimento, o que nos ajudará sobremaneira na tomada das decisões corretas. Facilmente calcularemos o resultado financeiro mensal, como é usual. É importante ressaltar que os números obtidos pelos contadores, como "sistemas de depreciação de ativos", "custos do contas a receber", "inflação", etc., quase sempre não traduzem a fiel realidade do negócio por diversas razões, apesar de legalmente, como é sabido, serem obrigatórios.

Quando trabalhamos num regime inflacionário, situação normal no Brasil, temos de tomar alguns cuidados adicionais. Quem nunca ouviu alguém dizer que determinado indivíduo "quebrou" devido à "inflação"? Assim, sugerimos que com inflação alta, sejá adotado um indexador na elaboração e acompanhamento dos relatórios de controles como, por exemplo, o dólar. É uma maneira de se prevenir contra falsos números e interpretações!

Assim sendo, seguindo o roteiro descrito nas suas etapas de

- planilha de viabilidade;
- planejamento;
- previsões e controles.

e consubstanciando as suas efetivas implementações, estaremos preparados para levar com pleno sucesso o nosso negócio e, deste modo, transformar em realidade o desejo de nos tornarmos milionários até os cinqüenta anos, integrando-nos a esse seleto grupo social.

Se você tem condições de implementar os conceitos citados, com certeza é uma pessoa inteligente, com bom preparo, experiência e determinação. Mas, como não podemos realizar nada sozinhos, resta cientificarmo-nos de nossa competência para gerenciar e lidar com pessoas, internamente na empresa e, externamente, com clientes e fornecedores. É importantíssimo saber escolher, preparar e dirigir os colaboradores, ou então, estar perfeitamente integrado com pares e superiores dentro de uma organização.

Como o nosso enfoque principal, neste livro, é que no futuro tenhamos o próprio negócio, saber escolher o colaborador certo e mantê-lo motivado no exercício de determinada função é fundamental para o sucesso. Este será o assunto do próximo capítulo.

CAPÍTULO 6

O ELEMENTO HUMANO

É impossível tornar-se um milionário sem a contribuição de outras pessoas. Acreditamos que a única exceção seria tirar a sorte grande! Mesmo aqueles que nasceram em berço de ouro, dependeram de seus pais.

Vimos que para obtermos o *status* de milionário, partindo-se do zero, é preciso dispor de:

- objetivo de vida definido;
- poupança;
- planejamento e controle;
- tudo isto alavancado com determinação e vontade.

Nessas circunstâncias, "o universo conspirará a nosso favor". Você vai ter a impressão de que é bafejado pela sorte, pois tudo começa a dar certo. As oportunidades vão aparecendo naturalmente, em quaisquer circunstâncias econômicas. Entretanto, se você deseja crescer e prosperar, as pessoas cada vez mais ocuparão uma posição de destaque em seu cotidiano. É preciso saber interagir com pessoas de diversos níveis sociais e intelectuais, com superiores hierárquicos, com os pares, subordinados ou empregados, clientes, fornecedores, concorrentes e familiares. Para bem executar essa tarefa é necessário que se saiba utilizar técnicas de comunicação e relacionamento social. Os investimentos nessa área, se bem dirigidos, têm retorno garantido. Quanto maior o círculo de boas relações, mais você estará exposto a novas oportunidades. É vantajoso criar uma imagem de indivíduo honesto, sério com relação a compromissos assumidos e "vencedor" no ambiente em que você atua.

Em pouco tempo você vai ser considerado um "formador de opiniões", isto é, as pessoas começarão a seguir seu exemplo. Necessariamente não é preciso atuar como um *public relations*, a não ser que esta seja a sua profissão.

Não vamos nos estender sobre esse tópico, pois a mensagem já foi dada! Especificamente, queremos chamar a atenção para a necessidade de se escolher, e gerenciar bem, os recursos humanos que compõem uma equipe de colaboradores. Mesmo porque o enfoque especial deste livro é o próprio negócio.

A começar pela fase de seleção, todo cuidado é necessário na formação de uma equipe de colaboradores. Vale investir numa criteriosa seleção de pessoal pois, mesmo assim, vão ocorrer erros, mas certamente, numa escala muito reduzida. A "máxima" a ser seguida deve ser a de selecionar uma pessoa para uma determinada função, de tal maneira que o seu "nível de competência" esteja adequado para aquele cargo. Trata-se do princípio de J. Peter. Se a pessoa em questão não tem as qualificações mínimas exigidas pelo cargo, no que diz respeito a condições físicas, personalidade, instrução e experiência, mesmo com treinamento, dificilmente ela virá a executar as tarefas de sua responsabilidade a contento. Por outro lado, se suas qualificações excederem as exigências do cargo, certamente a pessoa se sentirá como "um peixe fora da água", ficará desmotivada, e logo procurará alternativas, fazendo pressão para crescer dentro da empresa, se houver essa possibilidade, ou pedirá demissão. Ocorrendo a demissão haverá prejuízo para o negócio se o prazo de permanência do indivíduo no emprego tiver sido curto e sua contribuição, em termos de lucro e de novas idéias, desprezível. Entretanto, existindo a alternativa da promoção do empregado para uma função adequada ao seu "nível de competência", a admissão foi seguramente acertada. Aliás, quando se admite um jovem para uma determinada função, que tenha um bom potencial de desenvolvimento, o que se deseja é exatamente isso, ou seja, mantê-lo durante um período de adaptação na empresa e treiná-lo até que esteja preparado para ocupar um cargo adequado ao seu nível de competência. Essa é uma das razões da necessidade de se encarar o treinamento de colaboradores como indispensável para o sucesso de um negócio, sendo um investimento com retorno garantido.

No mundo atual, continuamente, é gerada uma massa enorme de novas técnicas e informações que precisam ser absorvidas, selecionadas e aplicadas nos negócios, sob pena de não evoluirmos e sermos derrotados pela concorrência. Para a consecução dessa tarefa, qualquer empreendimento precisa de gente preparada nos seus diversos níveis e setores de atuação. À medida que o negócio obtém sucesso e se expande, cresce a necessidade de delegação de tarefas. No início o gerenciamento e as decisões estão concentradas nas mãos do proprietário mas, num determinado momento, torna-se imperativa a delegação de atividades e decisões, a um ritmo mais ou menos intenso, dependendo da velocidade de crescimento da atividade. Esse momento é crucial para as empresas. Costuma-se dizer, com muita propriedade, que o "dono" deve se transformar de executor em planejador de ações. Para que essa mudança aconteça, sem quebra de harmonia, tanto o proprietário quanto seus funcionários ou colaboradores têm de se preparar com a devida antecedência. É importante que essa inevitável mudança, no caso de um empreendimento bem-sucedido, seja detectada na fase de "planejamento" e, assim, sejam traçados "objetivos claros" para a sua implementação.

Costuma-se dizer que o ativo mais valioso de uma organização de êxito são as pessoas que ali trabalham. Essa máxima é verdadeira num determinado momento, porque esse "ativo" pode ser alterado num prazo relativamente curto, dependendo do tamanho da empresa ou organização. Tudo depende do dirigente "número um", ou daquela pessoa que tem o poder em suas mãos. Todo o restante da pirâmide organizacional, ou equipe de colaboradores, acaba por adquirir a sua "imagem e semelhança". Dessa maneira, se o sucesso de um negócio depende fundamentalmente das pessoas ou da equipe que o conduz, e se essa equipe tem o comportamento ditado pelo dirigente "número um", qualquer resultado dependerá desse dirigente, não importando se tem todo poder e decisões estratégicas concentrados em suas mãos ou se criou uma assessoria, um *staff* ou um *board of directors* para dividir responsabilidades. O certo é que mesmo essa primeira decisão, de ser mais "autocrático" ou "democrático", tem origem em sua pessoa. Ao escolher, por hipótese, uma assessoria para dividir poderes e responsabilidades, a *ele*, o dirigente maior, ficou a total responsabilidade do acerto, ou não, dessa escolha.

O processo de se colocar o "indivíduo certo" no "lugar certo", iniciado no topo da organização, permeia-se por toda a empresa até atingir os escalões mais baixos. Assim, é fácil concluir que uma pessoa "errada" numa determinada função prejudica toda a empresa e, quanto mais elevado for o seu nível hierárquico, maior será o prejuízo, pois o erro tende a se multiplicar, criando indivíduos à "imagem e semelhança" daquele dirigente, nos diversos níveis subalternos.

Muitos consideram os salários e benefícios de presidentes e diretores de grandes empresas privadas muito elevados ou até mesmo astronômicos. Estamos falando de empresas privadas, porque no caso das públicas a história é completamente diferente e também não vem ao caso no momento. Mas, voltando ao ponto inicial, a questão normalmente colocada é se o trabalho desses dirigentes vale tanto e, se vale, por quê? Em princípio, pelo que acabamos de explicar. O presidente, seguido pelos diretores e gerentes, são os responsáveis em primeiríssima instância pelo comportamento (*behavior*) e pelo desempenho (*performance*) de todos os funcionários da organização. E mais, são também os responsáveis pelas decisões estratégicas de longo e médio prazo do negócio em termos de marketing, crescimento ou redução, fusões, verticalização ou horizontalização da empresa, etc. Essas decisões se acertadas, evidentemente, podem resultar em grandes lucros para a organização, justificando os altos salários do primeiro escalão.

No mundo dos negócios somente ganha, e sempre ganha, quem gera lucros para a empresa. Cada um "vale o que pesa". Pode-se dizer que não existe sorte, protecionismo ou deficiência de desempenho oculta – numa empresa privada do mundo capitalista tende a haver, senão a curto mas a médio prazo, uma total transparência na avaliação da *performance* de um dirigente.

Recapitulando:

1 – O dono de um negócio, qualquer que seja o porte da empresa, precisa saber escolher bem os seus colaboradores e estes, da mesma forma, os seus auxiliares e assim por diante até o último funcionário. A imagem comportamental é ditada pelo "número um" e é permeada por toda a organização, até chegar ao último escalão, sem alterar a sua essência. Somente assim, o processo de delegação pode-se efetuar de modo harmônico e eficaz.

2 – As pessoas precisam ter os seus níveis de competência adequados às funções que irão exercer, para que se sintam capazes e motivadas.

3 – Quem não sabe escolher e preparar os seus colaboradores, tem suas chances de sucesso tremendamente reduzidas e, no caso do negócio próprio, essa falha será fatal para o crescimento da atividade.

Há uma citação atribuída a Aristóteles Onássis, magnata grego já falecido, que permite tirar conclusões sobre a importância de se ter bons colaboradores: "...ainda pobre comecei a prestar serviços como empregado e não ganhei dinheiro; em seguida comecei a trabalhar no meu próprio negócio, ganhei muito dinheiro mas não fiquei rico; finalmente, coloquei outras pessoas para trabalhar para mim e fiquei multimilionário".

Antes de encerrar este capítulo achamos importante dizer algo sobre "motivação" de pessoal. Existem inúmeros livros e publicações que podem ser consultados por quem desejar se aprofundar sobre o assunto, mas há uma abordagem clássica e interessante, que nos parece de grande valia divulgar. Maslow, um renomado estudioso do assunto, estabeleceu uma escala de valores derrubando o mito, ou a regra, de que o dinheiro seria sempre o principal fator de motivação das pessoas no trabalho. Para Maslow, o principal fator motivador depende, basicamente, da posição social e intelectual do indivíduo. Dessa forma, criou a pirâmide da "hierarquia das necessidades" ou de "fatores motivadores":

auto-realização
estima – poder – prestígio
reconhecimento social
s e g u r a n ç a
necessidades fisiológicas – subsistência

Os indivíduos que se situam nos grupos da base da pirâmide de Maslow estão preocupados, basicamente, com a sua "subsistência" e "segurança".

Subsistência significa conseguir o "pão de cada dia" ou suprir "necessidades fisiológicas" básicas. Obviamente, para este grupo, o dinheiro é o principal fator motivador – é o caso dos "bóias-frias" ou "peões de obras".

No segundo patamar da pirâmide, as pessoas não só estão preocupadas em conseguir o "pão de cada dia", mas em tê-lo garantido, por um longo período de tempo. Logo, o fator motivador não é só o dinheiro mas também a expectativa de que não estarão desempregadas amanhã – é o típico exemplo do funcionário público que se agarra à estabilidade de emprego.

Em seguida vem aquele grupo de indivíduos que tem a certeza de poder sempre conseguir um emprego, ou exercer uma atividade que satisfaça as suas necessidades básicas, seja devido ao seu grau de instrução ou alguma habilidade específica. Necessitam de algo mais para se motivarem no trabalho, como serem vistas com destaque em suas atividades pelo meio social a que pertencem. Precisam, por exemplo, freqüentar um clube social, possuir um carro de passeio ou, mesmo, ter uma boa moradia. Ainda para esse grupo, o dinheiro é um fator motivador de relevância para o pleno atingimento do objetivo desejado, que é o "reconhecimento social".

No grupo seguinte, a mudança do fator motivador principal é bastante significativa, uma vez que a pessoa está procurando "prestígio" e "poder" junto ao seu meio social, tendo todas as necessidades básicas garantidas e o reconhecimento de suas capacidades pelos seus pares. O que a motiva, em especial, é ser vista pelos outros como um indivíduo de qualidades diferenciadas e talentoso. Quer receber elogios, ser reconhecida pelas suas realizações e méritos intelectuais. Quer ter o seu ego "massageado". O dinheiro não se configura como o principal fator motivador. Com certeza, esse elemento será motivado participando de reuniões da cúpula da empresa, se for empregado, quando terá oportunidade de manifestar suas "brilhantes" idéias e manter contato com pessoas de prestígio e poder, como ele próprio. Deseja também decidir, mandar e ser respeitado como autoridade. É a síndrome do "poderoso chefão".

Por último, Maslow colocou o fator motivador "auto-realização" no topo da pirâmide. Nessa situação, a pessoa tem dinheiro, reconhecimento social, prestígio e poder, mas almeja algo mais. Esse algo mais passa a ser sua motivação principal. Deseja se "auto-realizar", ou deixar a sua marca, segundo a teoria de Maslow. Por exemplo, muitos homens ou mulheres se "auto-realizam" consolidando uma empresa que, imaginam, se perpetuará por várias gerações; outros participando de alguma entidade prestigiosa ou se elegendo para um cargo político. O que realmente importa, para a pessoa nesta posição, é o julgamento que elas mesmas fazem de seus atos e realizações. Tem de estar felizes consigo mesmas!

É evidente que os fatores de motivação definidos por Maslow não se manifestam isoladamente, ou seja, ou subsistência, ou segurança, ou reconhecimento social, ou prestígio e poder, ou auto-realização. Eles exercem influência conjunta sobre o indivíduo, mas haverá sempre um "fator" preponderante, dependendo do seu estágio de vida. Este "estágio de vida" é que precisa ser identificado para que, segundo Maslow, se aplique o fator de motivação correto para cada pessoa, ao oferecer-lhe o acesso àquilo que ela mais deseja, em troca de sua excelente motivação profissional.

CAPÍTULO 7

GOVERNO, IMPOSTOS E TAXAS

Estamos situados num ambiente capitalista, cada vez mais globalizado, com forte concorrência entre empresas e profissionais. O alvo do mundo capitalista é o lucro, e a procura do lucro gera riqueza e crescimento econômico. Em decorrência da riqueza, geralmente, vem o bem-estar social. Somente pode-se distribuir riqueza se houver riqueza para ser distribuída. Parece óbvio mas, muitos governantes tentam fazer a distribuição sem a existência dessa condição básica. Aumentam impostos e pisos salariais por decreto, criam seguros-desemprego, leis trabalhistas esdrúxulas e outras inúmeras providências do gênero, que somente agravam a pobreza no país, no caso do Brasil, ao inibir, ou mesmo destruir, os empreendedores.

O resultado acaba sendo sempre o mesmo: uma pequena elite junto a um governo rico de um lado, uma população extremamente pobre do outro lado e, no meio, os empreendedores, lutando desesperadamente para não serem esmagados, produzindo a riqueza possível e cuja maior parte vai para as mãos dos primeiros.

Quando falamos de governo estamos focando os poderes constituídos pelo Executivo, Legislativo e Judiciário, bem como os organismos e empresas estatais, no âmbito federal, estadual e municipal. Da mesma forma, a pequena elite privilegiada se constitui daqueles setores com lobby suficiente para impor suas exigências, multinacionais e bancos por exemplo, ou então, daquele grupo de "apadrinhados" ou com "atividades não-ortodoxas", cujas atuações são rotineiramente divulgadas pela mídia.

No oposto deste quadro, está uma população extremamente pobre. Vale mencionar, no caso do Brasil, números da Secretaria da Receita Federal, para o ano fiscal de 1999, para uma população estimada de 168 milhões de pessoas:

- 6,50% pagaram imposto de renda;
- 0,06% declararam renda mensal superior a R$ 10 mil mensais;
- 3,64% declararam renda mensal superior a R$ 1 mil, e inferior a R$ 10 mil;
- 2,80% declararam renda mensal de até R$ 1 mil.

Não levando em conta a sonegação fiscal – a Receita Federal estima que para cada R$ 3,00 arrecadados há, pelo menos, R$ 1,00 sonegado – concluímos que 93,50% da população brasileira não paga imposto de renda e, portanto, na sua quase totalidade, é pobre mesmo!

O grupo dos empreendedores, ou geradores de riquezas, deve estar dentre aqueles de renda mensal superior a R$ 1 mil, ou seja, representa apenas 3,70% da população, sem levar em conta a sonegação. Mas, nesse grupo, ainda de acordo com os dados de 1999 da Receita Federal, 45% são aposentados, empregados públicos, empregados de autarquias e fundações, empregados da administração direta, ou com rendimentos auferidos de aplicação de capital. Esses, seguramente não geram riquezas dentro de nosso conceito. Sobram, assim, 55% dos 3,70%, ou seja, 2,03% dos brasileiros, representados por empregados do setor privado, profissionais liberais, proprietários de empresas e outros, entre os quais realmente estão os geradores de riqueza. É oportuno lembrar que, desses, 0,47% são proprietários de empresas, os quais utilizam uma grande massa de trabalhadores para levar adiante seus empreendimentos.

Pela análise dos números concluímos que é constituído de apenas 1% a 2% da população brasileira o grupo composto pelos empreendedores, alvo especial do alerta que gostaríamos de fazer neste capítulo. Antes disso, repetimos uma estatística importante para as nossas conclusões finais – das pequenas e microempresas brasileiras, aquelas com faturamento mensal de até R$ 100 mil, dados de 1998, 35% encerraram suas atividades após apenas 1 ano de funcionamento, 11% após 2 anos e 10% após 3 anos. Não é fácil ser empresário no Brasil. É tarefa para pessoas conscientes de suas responsabilidades e bem preparadas. Daí a importância dos tópicos mencionados neste livro. Se forem considerados, representam a diferença entre o sucesso e o fracasso. O meio-termo, no mundo dos negócios não existe – quem não progride, regride! A situação de sobrevivência tranqüila, de quem fica "parado", é utópica. Pode-se fazer uma analogia com um barco subindo um rio – se o motor for desligado, ele desce!

O alerta que gostaríamos de transmitir para 1% ou 2% da população brasileira que constituem o grupo dos empreendedores é com relação aos governos federal, estadual e municipal. A burocracia e a carga tributária, representada por impostos e taxas, atualmente existentes são tremendas e precisam ser bem avaliadas antes de se iniciar qualquer negócio. Além disso, as freqüentes mudanças de rumo econômico, via planos governamentais e crises provocadas pelos mesmos, imprimem mudanças drásticas que "batem" frontalmente com as ações dos empreendedores. A burocracia e a legislação, principalmente a fiscal e a trabalhista, por si só representam um considerável custo em qualquer atividade empresarial, com os honorários de contadores e advogados especializados. Muitos dizem, por essas razões, que o maior inimigo do empreendedor é o governo, ou então, sem riscos de exagero, o principal sócio, e aquele tipo de sócio que quase nunca ajuda e quase sempre atrapalha.

Ao se planejar uma nova atividade econômica é importante considerar o nível de ingerência governamental. Grosso modo, somos de opinião, que o ramo industrial é o mais sacrificado seguindo-se, pela ordem, o ramo comercial, a prestação de serviços e, por último, a agropecuária.

Em contrapartida, as dificuldades impostas pelos governos, pelo brasileiro em especial, ironicamente não deixam de gerar oportunidades, ao eliminar os menos capacitados, deixando mais espaço para os realmente profissionais.

Todos aqueles que já "abriram" ou "fecharam" uma empresa, conhecem as barreiras burocráticas existentes. No entanto, a burocracia é mais complexa para "fechar" do que para "abrir".

Assim, é oportuno voltar a lembrar que antes de se "entrar num buraco" é preciso saber como sair dele se for preciso. As estatísticas mostram, como já foi dito, que no Brasil, 56% das pequenas e microempresas abertas, dados de 1998, fecharam as portas até o terceiro ano de operação mas, se *você* seguir as recomendações deste livro, as chances de não ter de "sair do buraco", embora sabendo como fazê-lo, são enormes!

CAPÍTULO 8

INDÚSTRIA, COMÉRCIO, SERVIÇOS OU AGROPECUÁRIA

Qual o ramo de negócios que tem maior potencial de lucro? Que tem maior retorno sobre o faturamento? Que tem maior percentagem de proprietários ou empresas com lucro real? Com toda certeza não encontraremos um negócio, de pequeno a médio porte, que seja o melhor em todos esses quesitos. Os autores Thomas J. Stanley e William D. Danko em O *milionário mora ao lado* abordam parcialmente o problema, ao mostrarem os resultados de três tipos de negócios, em 1996, nos Estados Unidos:

- mineração de carvão foi a atividade com maior lucro, US$ 196.600 em média, no entanto teve baixo retorno sobre o faturamento, com média de 8,2% e apenas 34,2% das empresas do ramo apresentaram lucro.
- os consultórios médicos, por outro lado, apresentaram o maior retorno sobre o faturamento de 56,2%, mas o lucro médio foi de US$ 87 mil e um total de 87,2% conseguiu lucro.
- os salões de boliche, por sua vez, mostraram o maior número de estabelecimentos com lucro, atingindo 91,3% do total, mas o lucro médio foi de US$ 57.400 e o retorno, sobre o faturamento, de 31,0%.

Analisando os três casos, concluímos que o negócio "mineração de carvão" teve uma média muito alta de lucro mas é uma atividade de risco elevado, que exige substancial volume de capital, e de baixo retorno sobre o investimento. Nesse ramo, o proprietário terá de estar muito atento às "oportunidades" e "ameaças" do mercado *versus* seus "pontos fortes" e "fracos". Sofrerá, indubitavelmente, pressões de organizações ecológicas, regulamentações governamentais e grande concorrência. Quando o risco é grande as margens de lucro podem ser compensadoras, mas o insucesso ronda por perto – no caso, apenas 34,2% das empresas do ramo apresentaram lucro no ano de 1996.

A segunda atividade, sem sombra de dúvidas, é o tipo de negócio seguro. Não exige grande investimento e não enfrenta maiores turbulências de mercado, com 87,2% dos consultórios médicos apresentando lucro e com um lucro anual médio de US$ 87 mil. Nessa atividade, como em todas as outras profissões liberais, o que se está vendendo é intelecto, transportável para qualquer parte do mundo, não podendo ser confiscado pelo governo ou invadido por quaisquer tipos de movimentos usurpadores da propriedade alheia. O retorno sobre o faturamento, de 56,2%, também é altíssimo. No Brasil, a situação dos consultórios médicos, apesar de não ser igual à dos Estados Unidos, é também relativamente cômoda, talvez com uma tendência de baixa, em função do crescimento da concorrência e de uma certa socialização da medicina, na direção do modelo europeu.

No caso do último ramo de negócio, citado na pesquisa, 91,3% dos estabelecimentos mostraram lucro com um excelente retorno sobre o faturamento de 31,0%, embora o lucro final tenha sido o mais baixo dos negócios citados, US$ 57.400 no ano. Caracteriza uma atividade de baixo risco com um bom retorno a médio prazo. Por essas razões, está sujeita a um rápido crescimento da concorrência, principalmente por não exigir alto investimento. Também é um negócio sujeito aos ditames da moda, tanto no tempo, ou de ano para ano, como no espaço, ou de lugar para lugar. Provavelmente não resistirá por um longo período numa posição de lucratividade, como a ocorrida em 1996.

Os casos anteriores ilustram o fato, relativamente óbvio, de que não existe um "negócio da China", ou um ramo de atividade que seja o melhor, em qualquer tempo e lugar, bem entendido, para o comum dos mortais. As exceções são os cartéis, os monopólios e os oligopólios, bem controlados por grupos poderosos, anos a fio, ou atividades "apadrinhadas" e "escusas".

Neste sentido, perguntaram certa vez a Paul Getty qual seria o melhor negócio. Ele respondeu que o primeiro seria "uma empresa de petróleo bem administrada", o segundo, "uma empresa de petróleo razoavelmente administrada" e o terceiro, "uma empresa de petróleo mal administrada". Pelo menos na época de Paul Getty, magnata do petróleo, parece que existia o melhor negócio do mundo! No Brasil, nos dias atuais, talvez pudéssemos fazer um paralelo com os bancos!

Como já mencionamos, o Governo, no caso do Brasil, nos seus diversos níveis, costuma ser classificado como o "maior inimigo" do empreendedor. E o ramo industrial, no nosso entendimento, na sua forma mais pura, qual seja, a de fabricação de bens de capital ou de consumo, é o ramo de negócio mais vulnerável às intervenções governamentais de qualquer natureza. Além disso, exige maiores investimentos em instalações, equipamentos e matérias-primas. É também o "buraco" que apresenta maiores dificuldades para se sair, se for o caso. Não obstante, pode propiciar altos lucros, como no exemplo das minerações de carvão nos Estados Unidos – indústria extrativa ou de transformação primária. Recomenda-se, portanto, cautela e análises detalhadas, antes de entrar no ramo.

O setor comercial, de compra e venda de mercadorias, na sua forma mais tradicional, situa-se numa escala inferior ao industrial, no que diz respeito às intervenções governamentais. Mostrando viabilidade, após cuidadosas análises, devemos redobrar nossa atenção quanto aos estoques. Estoques malformados e administrados representam prejuízos na certa! Em outras palavras, mercadoria que não gira gera prejuízo. É comum encontrarmos estabelecimentos comerciais "quebrados" com um altíssimo valor de mercadorias em estoque constante de seus balanços. Acontece que esse estoque somente tem valor nos balanços, pois na realidade nada vale, por ser representado por itens obsoletos ou sem demanda no mercado. Um exemplo típico da necessidade de uma empresa ser excelente na formação e gerenciamento de estoques, condição imprescindível para o seu sucesso, está nas grandes redes de supermercados.

Em qualquer ramo de negócios é de suma importância a identificação das "áreas de resultados críticos" ou "áreas de excelência", definidas no capítulo anterior. Essas "áreas", como o próprio nome diz, representam aquelas atividades em que precisamos ter desempenho excelente, para alcançar o sucesso. No caso do exemplo dos supermercados, uma área de resultado crítico, ou de excelência, é justamente a de gerenciamento de estoques. E na indústria de bens de capital, qual seria uma área de excelência? Sem dúvida, a da "qualidade do produto" fabricado.

Dessa maneira, antes de iniciarmos uma nova atividade, para garantirmos o sucesso, é básico assegurarmos a nossa excelência nas "áreas de resultado crítico", definidas para o empreendimento. Obviamente, esse conceito é perfeitamente válido para aquele que deseja ocupar uma posição de destaque ou liderança na organização em que vai trabalhar como empregado, isto é, o indivíduo terá de ser excelente nas áreas de resultado crítico da seção, do departamento ou da própria empresa como um todo, dependendo de seu nível ocupacional.

No caso de um negócio do ramo comercial, uma das prováveis áreas de resultado crítico, é a de "formação de equipes de venda". Como um exemplo típico, poderíamos citar o de uma empresa que representa produtos de alto valor para um público restrito e selecionado, em que a venda é feita diretamente por contato pessoal do vendedor no estabelecimento do cliente em potencial. Sem dúvida, essa empresa precisa ser excelente na contratação, treinamento e gerenciamento de vendedores externos.

Todos já ouviram falar da Avon, organização que vende produtos de beleza de porta em porta. Eles têm um método de venda peculiar e diferenciado, com milhares de vendedores, só no Brasil, remunerados exclusivamente por comissão, cada um deles trabalhando com clientes de seu círculo de relações e das mais diferentes classes sociais. Assim, a Avon precisa ser excelente numa "área de resultado crítico" que é a de "coordenar e controlar a distância", esse batalhão de vendedores.

O terceiro grande ramo de negócios, a respeito do qual gostaríamos de tecer algumas considerações, é o de prestação ou venda de serviços. Dos três grandes ramos, industrial, comercial e serviços, esse último é o que, na maioria das situações, sofre menos influência governamental. É o que mais cresce nos países desenvolvidos, com serviços de alta tecnologia. Aqui, estamos incluindo as empresas de software do setor de informática, as de telecomunicações, os bancos, as empresas de transporte aéreos e terrestres, de saúde e seguros. É evidente que se a empresa presta, ou começa a prestar, um tipo de serviço essencial ou crítico para a população, as intervenções governamentais começam a crescer e, às vezes, podem chegar a níveis estonteantes. Entretanto, as pequenas e médias empresas classificadas nesse nicho de mercado, seguramente, e felizmente, estão mais livres para agir sem tantas taxações, regulamentações e intervenções do governo.

Antes de concluirmos este capítulo, julgamos oportuno fazer algumas considerações sobre a atividade agropecuária como uma interessante opção de investimento para os dias atuais, comparativamente aos outros segmentos econômicos.

O Brasil, pelas suas dimensões continentais, clima, relevo e qualidade de solo, oferece condições excepcionais para os negócios agropecuários. Não deixa de ser, até certo ponto, uma vocação natural da nação. É sabido que certas regiões do mundo, como áreas da Ucrânia, da Argentina e dos Estados Unidos (*corn belt*), possuem terras mais férteis que as brasileiras, mas com o desenvolvimento tecnológico, o país, com sua diversidade de solos, parece situar-se numa posição privilegiada. Haja vista as novas técnicas agrícolas implementadas nos cerrados das regiões Sudeste e Centro-Oeste, que transformaram áreas, até há pouco tempo improdutivas, em excepcionais celeiros. Por outro lado, as perturbações ocasionadas nos negócios agropecuários pelas intervenções governamentais, não são das mais significativas. É um ramo de negócio, para o produtor, com baixo nível de taxações e exigências burocráticas, quando comparado com a indústria, o comércio e serviços, nas suas formas mais puras. Quando se fala a respeito de *agrobusiness*, num contexto mais completo, incluindo a comercialização ou a industrialização dos produtos agropecuários, a situação muda de aspecto pois, no caso, nos enquadramos nos ramos de negócios anteriores, ou seja, respectivamente comércio ou indústria.

Também é sabido que na agropecuária brasileira, o empreendedor, na qualidade de produtor, está longe de receber subsídios e proteções governamentais equivalentes aos dos países do Primeiro Mundo. Isto ocorre exatamente pela pouca intervenção do Estado no setor, o que representa uma vantagem, pois o que será essencial para o empreendedor competente é que seu negócio se situe, em termos de produtividade, custos e preços de comercialização dos produtos, acima da média do mercado – estando acima da média, e sendo a agropecuária uma atividade essencial, o empreendedor sempre terá lucro!

Manter-se no patamar superior, em desempenho, não é difícil, justamente porque a grande maioria dos agricultores e pecuaristas do País – infelizmente para a sociedade como um todo e felizmente para um determinado grupo de empreendedores – não tem informações e condições suficientes para bem gerenciar o seu negócio. De um lado, porque qualquer pessoa com poucos recursos financeiros pode adquirir ou arrendar uma área rural e iniciar-se na atividade; por outro lado, pessoas com abundância de recursos costumam investir nessa atividade sem grandes preocupações com o sucesso do empreendimento. Em outras palavras, a maioria absoluta dos negócios agropecuários brasileiros é gerida de forma extremamente amadora. Quem o faz com profissionalismo leva uma tremenda vantagem e tem lucro certo!

Resumindo, a agropecuária no Brasil, se for um negócio iniciado e conduzido corretamente, tem o seguinte perfil:

- Investimento seguro com baixa ou nenhuma depreciação; em inúmeros casos ocorre justamente o oposto, com a valorização do investimento.
- Reduzido nível de riscos.
- Média taxa de retorno.
- Lucro total, maior ou menor, diretamente ligado ao volume ou escala do empreendimento.
- Fraca concorrência profissional, quando comparado com outros segmentos.
- Pouca ingerência governamental.

Pelo perfil acima, a agropecuária apresenta-se como uma interessante alternativa de investimento para aqueles empreendedores que têm boa experiência gerencial, recursos financeiros compatíveis, e que estejam desejosos de desenvolver uma atividade de baixo risco. Enquadra-se, certamente, nas expectativas de investimento de executivos, profissionais liberais e técnicos experimentados dos mais diversos setores, dispostos a se dedicar a um segundo negócio lucrativo, desde que o façam profissionalmente.

CAPÍTULO 9

MILIONÁRIO EM ASCENSÃO

Para aqueles que chegaram lá.... ou quase chegaram!
Vimos que no Brasil, segundo dados da Secretaria da Receita Federal, cerca de 10 a 11 milhões de pessoas declararam rendimentos tributáveis em 1999, ou seja, apenas 6,5% da população de 168 milhões de habitantes. Desse total, de 10 a 11 milhões de declarantes, 520 mil pessoas, representando 0,3% da população, declararam renda superior a R$ 5 mil por mês (US$ 2.500). E ainda, 100 mil pessoas, ou 0,06% da população, declararam renda superior a R$ 10 mil por mês (US$ 5 mil). Quase a metade dos 10 a 11 milhões de declarantes junto à Receita Federal têm renda inferior a R$ 1 mil por mês (US$ 500).

Repetimos que esses números não traduzem a realidade brasileira. A própria Receita Federal afirma que há, pelo menos, 1 milhão de brasileiros com renda mensal acima de R$ 10 mil por mês (US$ 5 mil), e não apenas 100 mil.

Assim, com base nos dados acima, podemos imaginar que os 0,6% da população, ou 1 milhão de pessoas, com renda mensal tributável acima de R$ 10 mil por mês, possam constituir o grupo de milionários do país.

Vimos que nos Estados Unidos, de acordo com Thomas J. Stanley e William D. Danko em seu já citado livro, os lares com patrimônio líquido acima de US$ 1 milhão eram 3,5% do total, em 1996. Como a sociedade americana é muito mais rica do que a brasileira, dizer que 0,6% dos brasileiros, ou mesmo dos lares brasileiros, têm patrimônio líquido superior a US$ 1 milhão, acreditamos que seria uma estimativa exageradamente otimista.

Pelos dados da Secretaria da Receita Federal, referentes a 1999, apenas 0,06% dos brasileiros declararam patrimônio acima de R$ 1 milhão (US$ 500 mil). Este percentual não é muito significativo em função de distorções, devido a lançamentos de bens com valores históricos defasados e sonegação de informações.

Bem, pelos números expostos, estamos querendo afirmar que pertencer ao grupo de milionários brasileiros, ou seja, ter um patrimônio líquido acima de US$ 1 milhão, é pertencer a um grupo superseleto de indivíduos. Seguramente, uma pessoa nessa situação estará incluída em menos de 0,5% da população.

Ainda, de acordo com o livro citado, nos Estados Unidos, os autores descobriram sete denominadores comuns dentre aqueles que conseguiram construir riqueza:

1. Vivem abaixo dos seus meios, são frugais.
2. Alocam tempo, energia e dinheiro, eficientemente, com o objetivo de construir riqueza.
3. Consideram a independência financeira mais importante do que a exibição de alto status social.
4. Seus pais não lhes deram ajuda financeira.
5. Seus filhos adultos são economicamente auto-suficientes.
6. São competentes para identificar as oportunidades de mercado.
7. Escolheram a ocupação certa.

Os itens enumerados permitem uma boa reflexão. Acreditamos que fatores válidos para os Estados Unidos não sejam diferentes para o Brasil.

Estamos citando estatísticas e padrões norte-americanos por dois motivos principais: é uma economia capitalista exemplar e suas estatísticas e seus números são muito mais confiáveis do que os nossos.

Temos certeza de que vários de nossos leitores, na faixa dos cinqüenta anos, já são milionários e, neste momento, estão preocupados (e sem dúvida essa preocupação é gratificante) em conservar seu patrimônio milionário ou fazê-lo crescer sem maiores riscos.

Voltando ao livro citado, vamos relacionar o perfil do milionário norte-americano, encontrado pelos autores. Selecionamos apenas as características mais marcantes em nossa opinião:

1. Homens, com idade média de 57 anos.
2. Um, em cada cinco, está aposentado.
3. Três, em cada quatro, têm seu próprio negócio; a maioria dos outros é profissional liberal.
4. Cerca de 80% são afluentes de primeira geração, ou seja, não receberam herança.
5. Vivem bem abaixo de seus meios.
6. Apenas um, em cinco, não tem curso superior.
7. Acreditam que a educação é extremamente importante; gastam altas quantias na educação de seus descendentes.

Com certeza, você, milionário aos cinqüenta, deseja, como dissemos, não-somente conservar o seu patrimônio como fazê-lo crescer sem maiores riscos. Por que não ter uma boa e merecida qualidade de vida, com substanciais horas de lazer, fazendo aquilo de que mais gosta? Quem se acostumou, durante boa parte de sua vida produtiva, a trabalhar duro – uma das razões de você ter chegado onde está – não consegue se dedicar apenas ao lazer e a acompanhar investimentos financeiros. Você precisa de uma atividade produtiva para se sentir realmente feliz! Queremos sugerir a opção da agropecuária ou "aposentadoria verde".

Evidentemente, esse ramo de negócios poderia, e deveria, ser iniciado muito antes dos cinqüenta anos, como uma alternativa à ocupação principal, seja você um empresário da indústria, comércio ou serviços, ou ainda, um profissional liberal, ou mesmo, e talvez principalmente, um empregado bem-sucedido de uma empresa privada, ou pública. Digo principalmente nesse último caso porque o empregado bem-sucedido de uma empresa privada, ou pública, quando chega na casa dos cinqüenta, freqüentemente se retira, ou se aposenta, ficando inativo. As pessoas costumam, então, buscar uma ocupação imediata, constituindo uma sociedade com amigos ou conhecidos em situação supostamente semelhante, para atuar em algum ramo de negócio, no qual tenham supostamente a experiência necessária. Não queremos eliminar essa opção que, se preencher os requisitos de "análise de viabilidade", pode ser muito interessante, mas com certeza, uma sociedade já por si só, na quase totalidade dos casos, é uma fonte de dor de cabeça, que deve ser evitada nessa faixa etária. Além disso, exigirá dedicação integral, e muito esforço, numa época em que temos o desejo e o direito de uma vida tranqüila.

A agropecuária exige menos tempo e trabalho, desde que iniciada e levada adiante com profissionalismo. Não requer associações, pode e deve ser conduzida por pessoa física, com grandes vantagens de redução de impostos e burocracias, se comparada com qualquer outra atividade empresarial.

Aos cinqüenta anos, como disse o *playboy* Chiquinho Scarpa, não se pode mais errar. (Embora, ao que parece, ele andou errando, e muito, com um casamento mal-sucedido financeiramente.) Mas, como diz o ditado, "faça o que eu digo e não o que eu faço", a sua citação é mais que verdadeira.

Na agropecuária, se a atividade for conduzida profissionalmente, a possibilidade de erro é mínima. Existe uma citação popular que diz, "quem compra terra não erra" à qual é preciso acrescentar, "desde que compre bem"! As perspectivas de lucro elevado não são das maiores, mas em compensação, as de prejuízo são mínimas, desde que sejam seguidas as regras aqui expostas.

Outra observação pertinente é que o milionário aos cinqüenta deve diversificar seus investimentos em ativos financeiros, imóveis urbanos e em imóveis rurais, digamos, não mais do que 40% a 50% do patrimônio, compreendendo terras, benfeitorias e equipamentos. Não se pode conduzir um negócio agropecuário, com certeza de sucesso, sem recursos financeiros abundantes a serem utilizados em ocasiões especiais. Caso contrário, corre-se o risco de cair na vala comum da maioria dos agricultores e pecuaristas brasileiros, sempre endividados e obrigatoriamente tendo de vender seus produtos a preços aviltantes nas épocas de grande oferta, para saldar compromissos financeiros recheados de juros. Não estamos dizendo que não se devam tomar os empréstimos, subsidiados pelo governo, costumeiramente oferecidos à agropecuária. De fato muitos os fazem..., mas o ideal é que não se precise deles! Neste caso, passam a ser um excelente negócio – faz-se o empréstimo a uma taxa de X% e aplica-se a uma taxa de 2X%.

Falamos em investir não mais do que 40% a 50% do patrimônio líquido na agropecuária, porque o grosso dos recursos deverá estar disponível não somente para permitir uma situação de total estabilidade e segurança para o milionário, mas também para aproveitar as oportunidades que aparecem. Nessa fase da vida, a experiência e o conhecimento acumulados, permitirão uma seleção eficaz dos negócios de ocasião que inevitavelmente surgem. Lembremos de que um dos denominadores comuns dos milionários americanos é que "são competentes na identificação das oportunidades de mercado". Além da experiência e conhecimento, aos cinqüenta anos, temos mais tempo para refletir e analisar uma proposta de negócio.

Também é preciso ter em mente a Lei de Murphy ("se algo tem chance de dar errado, provavelmente dará") que é pessimista, em nossa opinião, mas muito pertinente nessa fase da vida.

SEGUNDA PARTE

APOSENTADORIA VERDE

CAPÍTULO 10

O QUE É A APOSENTADORIA VERDE

Entendemos como "aposentadoria verde" um investimento lucrativo, no ramo da agropecuária, organizado e planejado de tal forma que o risco seja praticamente nulo e que represente uma atividade gratificante para o empreendedor milionário, na faixa dos cinqüenta anos de idade.

Não somos de opinião que esse investimento deva ser iniciado somente quando o indivíduo atinja essa idade, pelo contrário, o ideal é que nessa altura dos acontecimentos ele esteja consolidado, para que o "aposentado", como executivo de empresa privada ou pública, profissional liberal, ou mesmo como empresário de qualquer ramo, possa usufruir, imediatamente, de uma atividade agradável, de baixo risco e lucrativa.

Talvez com razão, a aposentadoria verde também se ajuste com mais propriedade àqueles empresários da própria área agropecuária, que sempre se dedicaram ao setor, foram ou são bem-sucedidos, ficaram milionários e agora estão nessa confortável posição.

Os conceitos que vamos expor em seguida, com toda certeza, também serão de extrema utilidade para agrônomos e técnicos agrícolas, que se dedicaram, se dedicam, ou vão se dedicar à agropecuária, com o objetivo de se tornarem milionários até os cinqüenta anos.

A agropecuária é gratificante por não exigir um gerenciamento sob pressão, comum aos setores da indústria, comércio e serviços, sempre sujeitos a uma forte concorrência e alta interferência das áreas governamentais, na forma de"planos", regulamentações, burocracias, taxas e impostos os mais diversos. Elimina a figura do patrão, na maioria dos casos, indesejável. Dispensa a necessidade de se constituir sociedade, e mesmo a de se criar uma pessoa jurídica. Por último, aproxima o homem da natureza, o que não deixa de ser o estilo mais natural de vida!

Os riscos de ordem econômica e financeira, por outro lado, podem ser extremamente minimizados, desde que adotados alguns princípios que serão mencionados mais adiante.

Por último, os rendimentos costumam se situar, em um empreendimento profissional, ao redor de 20% ao ano, líquidos, calculados sobre as "despesas de custeio e manutenção". Vamos explicar melhor esse ponto. Consideramos que num empreendimento agropecuário, existem três desembolsos básicos a saber:

- aquisição do imóvel rural;
- investimentos de formação, ou iniciação do negócio;
- despesas de custeio e manutenção.

O montante aplicado na aquisição do imóvel, sem benfeitorias, ou da terra nua, se feito racionalmente e com técnica, terá o seu valor seguramente corrigido pela inflação, e quase sempre apresentará valorização real, na situação brasileira, com a inevitável chegada de fatores que agregam valor, como melhoramentos em energia, meios de comunicação e transporte, aumento populacional da região e crescimento da demanda de produtos agropecuários.

Os investimentos com a "formação, ou iniciação do negócio" compreendem o primeiro preparo da terra para a atividade focada, construção de cercas, abertura de acessos próprios, moradias para trabalhadores, armazéns e depósitos, instalação de energia e distribuição de água, equipamentos fixos e móveis, formação de cultura perene ou aquisição do primeiro plantel de bovinos, por exemplo, no caso da pecuária de corte e vários outros investimentos dependendo de cada empreendi-

75

mento, de tal modo que o negócio fique pronto para iniciar o primeiro ciclo de produção e faturamento. A maior parcela dos investimentos de "formação ou iniciação", já exemplificados, agregam valor ao negócio. Isto é, no caso de sua venda, como ocorre com o montante empregado na terra nua, esses investimentos terão, se realizados com profissionalismo, seus valores corrigidos pela inflação. Para algumas especializações agropecuárias, essa expectativa pode não ocorrer integralmente, mas o desvio será de pouca expressão.

Já as despesas de "custeio e manutenção", realizadas continuamente no ciclo da atividade agropecuária, como o próprio nome define, são só despesas com mão-de-obra, manutenção e operação de equipamentos, insumos de qualquer natureza, defensivos, depreciação e reposição de máquinas, manutenção de bens imóveis, como alojamentos, depósitos, armazéns, cercas, silos e currais, renovação de culturas permanentes, dentre várias outras. Representam, no conceito aqui formulado, o custo cíclico da produção. Sobre essas despesas, corrigidas monetariamente até a data da entrada de caixa com a venda dos produtos, normalmente anual, é que estimamos um lucro líquido da ordem de 20%, como média para algumas das especializações tradicionais do setor. É um excelente número, quando comparado com outros negócios, levando-se em conta o baixo risco da atividade.

Recapitulando, no nosso entendimento, o montante empregado na aquisição da terra nua, bem como os investimentos de "formação ou iniciação" do negócio, se feitos técnica e economicamente corretos, terão seus valores corrigidos pela inflação e, portanto, estarão preservados. As "despesas de custeio e manutenção" da atividade, sem exceção, mantido o "tamanho" do negócio, serão remuneradas, em média, na base de 20% líquidos, em cada ciclo de produção.

Para a seleção da especialização mais interessante, conseguimos coletar junto a alguns *experts* do setor, o rendimento médio obtido no Brasil, nos últimos anos, por hectare/ano, para determinados negócios agropecuários, geridos profissionalmente:

	US$ /por ha /ano
1. Pecuária de corte	50
2. Soja	80
3. Milho	120
4. Café	500

É evidente que os números acima são aproximados, sofrendo variações regionais, bem como, ao longo dos anos. Deve-se, portanto, não somente verificar o seu valor na região onde se pretende implantar um projeto, mas considerá-los um valor médio estimado para alguns anos de operação.

Essa relação tem o mérito de ajudar o empreendedor no cálculo da área que precisará adquirir para uma determinada especialização agropecuária, em função do rendimento líquido pretendido. Por exemplo, se ele almeja um rendimento anual da ordem de US$ 50 mil, desconsiderando o capital empatado na "aquisição da terra" e com os investimentos de "formação ou iniciação", pelas razões já expostas, necessitará de aproximadamente 1.000 hectares de pastagens para pecuária de corte ou, 625 hectares para soja, 415 hectares para milho ou 100 hectares para café. Se o empreendedor desejar estudar a alternativa de outros *commodities* como, algodão, trigo, cacau, etc. inicialmente deverá levantar os rendimentos médios das atividades focadas por hectare/ano com técnicos das respectivas especialidades, para em seguida determinar a área a ser adquirida em função do lucro anual pretendido. Salientamos que as exemplificações acima foram calculadas para empreendimentos de primeira qualidade tanto no que diz respeito à sua implementação e gerenciamento quanto às características da terra, relativas a topografia, clima e localização face à disponibilidade de insumos, transportes e comunicações.

É muito importante considerar a sazonalidade dos preços de venda para os produtos já citados. Para alguns, ocorrem sistematicamente anos de preços altamente compensadores seguidos de outros com preços no *breakeven*, ou seja, praticamente iguais ao custo, ou até abaixo do mesmo. Portanto, o empreendedor precisa estar ciente desses ciclos de "vacas gordas e magras", para bem estimar as reservas de caixas necessárias para a otimização do negócio.

Outro aspecto não menos importante é que, ao se pensar em aposentadoria verde, com risco mínimo, não se deve considerar culturas de produtos perecíveis, que necessariamente precisam ser vendidos e consumidos imediatamente após a colheita. No mínimo, o empreendedor precisa ter a opção de venda nos picos anuais de demanda, para não dizer, nos picos cíclicos de maior demanda e preços, que podem ser maiores do que o anual.

Nos dias atuais, produtos como café, milho, soja, arroz, algodão e vários outros do tipo são usualmente estocados em armazéns ou silos de cooperativas e o produtor recebe um certificado atestando sua propriedade de tantos volumes ou toneladas de um determinado *commodity*, disponível para comercialização quando de seu exclusivo interesse.

Capítulo 11

AQUISIÇÃO DO IMÓVEL RURAL

Não compre imóvel rural **sem**:

- minucioso planejamento prévio do pretendido;
- adequação perfeita à finalidade a que se destina;
- excelente liquidez relativa;
- exaustiva pesquisa;
- assessoria técnica de capacidade reconhecida;
- documentação correta.

As recomendações acima, apesar de aparentemente óbvias, precisam ser enfatizadas, pois a sua não-observação significa o primeiro passo para o insucesso do empreendimento. Existem outras, de igual importância, que comentaremos à medida que abordarmos o tópico em questão.

Ao procurar um imóvel para a implantação de seu negócio o empreendedor precisa ter claramente definido qual a atividade rural que será desenvolvida. Há necessidade da elaboração de uma "planilha de viabilidade" conforme explicitado no Capítulo 4, "Identificação de um negócio". Se você tiver dificuldades excepcionais para sua elaboração pode ser um sinal da insuficiência de conhecimentos e experiências necessários para gerir com sucesso um negócio próprio. Bem entendido, dificuldades excepcionais, porque trabalho para conseguir dados sobre um novo tipo de atividade, todos vão ter, em maior ou menor escala.

Nesta fase de decisão sobre o tipo de atividade agropecuária mais adequada e de elaboração da "planilha de viabilidade" há necessidade de pesquisas em bibliografias técnicas, entidades governamentais e privadas da área e junto a pessoas reconhecidas como especialistas no assunto.

A opção da atividade rural, em muitos casos, é influenciada por tradições familiares, por suposta vocação, ou mesmo por um *feeling* pessoal, amadurecido por anos de observações, mesmo que superficiais, do mercado. Essas situações costumam ajudar, em muito, a decisão inicial sobre a escolha do tipo de especialização.

No capítulo anterior frisamos a importância de não optar por culturas de produtos perecíveis para se obter uma aposentadoria verde. Esses tipos de cultura podem representar excelentes negócios, com elevados retornos sobre o capital investido ou com altas taxas internas de retorno, numa linguagem de "economês". Entretanto, se a probabilidade de lucro aumenta, a de risco aumenta em maior proporção, o que foge do nosso conceito de aposentadoria verde, com a qual buscamos "um investimento lucrativo, com risco praticamente nulo". A título de observação, a pecuária de corte estensiva, sem confinamentos, no Brasil, seja de cria, recria ou engorda, apesar de exigir comercializações anuais para sua otimização, em nossa opinião, se enquadra no conceito da aposentadoria verde, por ser um produto de alta liquidez e risco mínimo.

Em função do lucro previsível por ha/ano para a especialização focada, o empreendedor dimensionará a área exigida para o novo negócio, face ao rendimento anual líquido pretendido e à sua capacidade de investimento. Lembre-se de que os investimentos na "aquisição da terra nua" bem como na "formação e iniciação da atividade", somente retornarão quando da venda do empreendimento e, com certeza, perfeitamente corrigidos pela inflação; daí a importância da liquidez, para quando for preciso "sair do buraco". O desembolso com as "despesas de custeio e manutenção" deverão ter retornos cíclicos, usualmente anuais, mas não necessariamente agregados a um lucro líquido, da ordem de 20% de seu valor, que representa o rendimento pretendido.

A título de sugestão, conforme já mencionamos, o somatório desses desembolsos não deve ultrapassar 40% a 50% do patrimônio líquido do "milionário", em busca da aposentadoria verde.

É fácil perceber que, ultrapassada a fase de elaboração da "planilha de viabilidade" preliminar para a especialização agropecuária selecionada, na maioria absoluta dos casos, o empreendedor profissional necessitará de assessoria técnica capacitada para o primeiro planejamento do negócio, antes de dar início à pesquisa para a aquisição da terra. É fundamental saber, com boa precisão, o montante e a data dos investimentos a serem efetuados, ou seja, é necessário elaborar o primeiro fluxo de caixa. Em determinadas situações, como nas culturas perenes, a título de exemplo, os investimentos em "formação e iniciação" do negócio, usualmente, ultrapassam os de "aquisição da terra nua". Oportunamente, voltaremos com maiores detalhes aos investimentos de "formação e iniciação" do negócio.

É de suma importância a adequação do imóvel rural aos fins pretendidos. Na agropecuária, para se ter sucesso, temos de superar a média do mercado, em três parâmetros básicos:

- produtividade;
- custos;
- preço de venda.

Em outras palavras, temos de alcançar uma boa relação entre custos e produtividade. Não é financeiramente compensador ter uma excelente produtividade para se vangloriar junto a terceiros, com um crescimento exponencial dos custos. Os dois itens devem ser rigorosamente acompanhados para se obter o que realmente interessa, que é o mais baixo custo unitário do produto. O mercado dita a média desses itens, o que pode ser obtido com qualquer bom técnico da área. Ficando qualitativamente acima dessas médias, a relação custo *versus* produção será tremendamente otimizada. Quanto a se obter um bom preço de venda para o produto, a história é outra. Produto não-perecível, combinado com disponibilidade de caixa, permite a máxima otimização do preço de venda. Adicionalmente, se estamos produzindo um *commodity*, cotado em Bolsa de Mercadorias, não só ganhamos em liquidez como, também, passamos a contar com a alternativa de venda de produção futura, com preços predeterminados.

Obviamente, a qualidade do produto final tem de ser merecedora de toda a atenção do empreendedor, mas quando otimizamos os três parâmetros básicos salientados anteriormente, a "qualidade" quase sempre surge como conseqüência.

Vem então a pergunta: Como otimizar a relação custo *versus* produção? Evidentemente existe uma série de pontos a serem trabalhados, mas o primeiro deles, e definitivo para o empreendimento, se refere à adequação da terra, ou do imóvel rural, aos fins pretendidos. Uma área inadequada, por si só, coloca o empreendimento em desvantagem e com o agravante de originar um erro não passível de solução definitiva. Na melhor das hipóteses permitirá correções paliativas que implicam elevação de custos e redução da produtividade. Portanto, ao comprar um imóvel rural, procure aquele que seja perfeitamente adequado à finalidade a que se destina. O preço de aquisição passa a ser secundário se você tem uma área de qualidade e liquidez.

Quais as principais características a serem perseguidas quando se procura um imóvel rural para uma determinada finalidade? Uma assessoria capacitada pode, perfeitamente, resolver esta questão. Essa assessoria pode ser um amigo disponível e confiável com grande experiência e sucesso na atividade, um técnico ou agrônomo de reconhecidas qualificações e conhecedor da região, ou qualquer outro profissional comprovadamente habilitado para a tarefa. O que se gasta com esta consultoria tem retorno garantido em curtíssimo prazo.

Vamos relacionar as principais características mencionadas que, necessariamente, precisam estar adequadas ao empreendimento, de acordo com o nosso ponto de vista e de especialistas consultados:

- clima: temperaturas, índices pluviométricos, geadas e ventos;
- topografia: altitude e relevo;
- composição física e química do solo;
- disponibilidade hídrica;
- vias de acesso e transporte;
- energia elétrica;
- meios de comunicação de um modo geral;
- disponibilidade e custo de mão-de-obra braçal e especializada;
- oferta de insumos: fertilizantes, defensivos, máquinas e peças, etc.;
- mercado comprador dos produtos, centros consumidores;
- cooperativas, armazéns e silos para estocagem e comercialização;
- situação política da região; riscos de invasões e desapropriações;
- proteções ecológicas: uso de águas, desmatamentos;
- ocorrências endêmicas regionais, de pragas ou doenças;
- vocação e *know-how* da região;
- região em desenvolvimento;
- vizinhança: possibilidade de expansão, ausência de conflitos.

Dependendo da atividade agropecuária escolhida e da região, podem existir outras características importantes na adequação do imóvel rural aos fins a que se destina, mas as listadas acima precisam ser priorizadas.

Ao adquirir um bem de qualidade e com liquidez, sem dúvida, temos de pagar mais, o que não significa deixar de levantar exaustivamente as opções de áreas e preços, dispondo sempre de uma assessoria. É imprescindível muita pesquisa para se conseguir a melhor opção, tanto em qualidade, quanto em preço. Conforme ressaltamos anteriormente, a aquisição da terra inadequada representa um erro não-passível de solução definitiva ou, em outras palavras, representa uma redução qualitativa do índice custo *versus* produção, para toda a existência do projeto.

Antes de finalizar este capítulo, gostaríamos de lembrar que não é incomum encontrarmos uma terra adequada ao empreendimento, com os investimentos de "formação e iniciação" realizados no todo ou em parte, por um preço convidativo. Portanto, essa é uma alternativa de aquisição que precisa ser bem explorada, podendo apresentar excelentes vantagens. Em culturas perenes é relativamente comum verificarmos tais ocorrências como, por exemplo, no caso do café, ou então, na pecuária de corte.

CAPÍTULO 12

INVESTIMENTOS DE FORMAÇÃO E INICIAÇÃO

Definimos os investimentos de "formação e iniciação da atividade" como aqueles necessários e suficientes para colocar o empreendimento em perfeitas condições para o início do primeiro ciclo de produção. Exemplificando, esses investimentos, conforme já mencionado sumariamente, compreendem os desembolsos, dependendo de cada tipo de negócio, com:

- desmatamentos, destocas, conservação de solo e preparo de aguadas;
- correções iniciais de solo, calagem, fosfatagem;
- construções de acessos, cercas, currais e pátios de manejo;
- instalações de energia, distribuição de água e sistema de comunicação;
- construções de barracões e armazéns;
- construções de moradias ou alojamentos para trabalhadores;
- construção de escritório e casa de apoio;
- aquisições de móveis, utensílios e ferramentas perecíveis;
- aquisição de máquinas, equipamentos e acessórios;
- aquisição de veículos de apoio;
- formação de cultura perene até o primeiro ciclo de produção;
- formação de pastagens no caso da pecuária de corte;
- aquisição do plantel inicial no caso da pecuária de corte.

É fácil perceber que um perfeito dimensionamento dos investimentos exigirá a participação de um especialista do ramo, para que o projeto seja: econômico, de qualidade, funcional, moderno, e o mais importante, que contemple todos os investimentos necessários e os estritamente suficientes, para o seu pleno funcionamento.

O cronograma de implantação também precisa ser bem elaborado para que o empreendedor não realize desembolsos antecipados em prejuízo da rentabilidade do dinheiro aplicado em algum ativo, com retorno maior do que simplesmente a correção pela inflação.

No caso, o "excesso" é pior do que a "falta" de investimentos. O "excesso" não gera receitas e acaba por transformar-se em custos. A "falta" pode ser corrigida a qualquer tempo, tão logo identificada como um investimento necessário, gerador de receitas ou redutor de custos.

Muitos empreendedores costumam relacionar como investimento de "formação ou iniciação" do negócio certos desembolsos que nada mais representam do que despesas não-recuperáveis. Como exemplos de desembolsos dessa categoria relacionamos os destinados à formação de pomares, instalações para ordenhas ou criações de animais e, principalmente, construção e manutenção de áreas de recreação, dentre vários outros do gênero. Evidentemente, esses nada têm a ver com o empreendimento de fins lucrativos, não agregam valor ao negócio e representam despesas adicionais, usualmente, consideráveis. Portanto, se efetuados por alguma razão que não nos cabe analisar, devem ser contabilizados de forma marginal e desvinculados da atividade em foco.

Quando da elaboração da "planilha de viabilidade" para o negócio escolhido, você deve ter notado que existem módulos mais econômicos para cada negócio, tendo em vista, principalmente, os investimentos de "formação e iniciação". A razão é simples. Certos tipos de investimentos não podem ser feitos parcialmente – compramos uma, duas ou mais máquinas, implementos ou veículos. Não há como fracionar, no caso, o inteiro. Certas instalações também comportam raciocínio análogo, ou então, mostram claramente uma determinada capacidade operacional como sendo de maior eficiência. Quando falarmos das "despesas de custeio e manutenção", em capítulo posterior, o cuidado com o módulo econômico também irá aflorar. Por exemplo, o módulo tem de ser compatível com a disponibilidade e a capacitação de um administrador contratado, para tornar mais eficientes os custos de mão-de-obra ou administrativos. Assim, antes de partir para a "aquisição do imóvel rural", atente para esse importante detalhe.

O leitor deve ter notado que sempre falamos em "especialização" porque, como em outros negócios, a agropecuária moderna, gerida profissionalmente, também exige esse enfoque. Pode até ser recomendável, em casos específicos, uma atividade secundária, paralela à principal, desde que realmente seja complementar e maximize os resultados, pela otimização dos recursos e insumos existentes. Na "diversificação" de atividades, se considerada como uma opção interessante, cada "especialização" tem de ser tratada como um negócio independente, com investimentos, custos e controles próprios. Essa consideração é fundamental para o sucesso do empreendimento.

CAPÍTULO 13

DESPESAS DE CUSTEIO E MANUTENÇÃO

Essas "despesas" são caracterizadas pelos desembolsos realizados durante todo o ciclo da atividade agropecuária, compondo o custo final do produto e sendo recuperáveis junto com o lucro esperado, quando da venda da produção. De acordo com o nosso conceito de aposentadoria verde, realizados os investimentos de "formação e iniciação"do negócio na medida certa, todos os desembolsos subseqüentes, logicamente, não havendo expansão da atividade, serão contabilizados como "custeio e manutenção". Sobre essas despesas cíclicas é que estimamos, com segurança, um lucro líquido periódico de 20%, após dedução do custo financeiro do capital de giro, para as atividades que envolvem *commodities* não-perecíveis, dos tipos das citadas no Capítulo 10.

Os principais desembolsos de "custeio e manutenção" são os realizados com:

- despesas administrativas (menos retiradas do proprietário);
- mão-de-obra e encargos;
- tratos culturais, insumos, defensivos, sementes;
- substituição de máquinas, equipamentos, veículos, implementos;
- manutenção de máquinas e equipamentos, peças de reposição;
- reposição de plantel, no caso de recria e engorda, na pecuária de corte;

- recuperação e reforma de culturas perenes;
- produtos veterinários, rações;
- combustíveis e lubrificantes, energia elétrica;
- taxas e impostos de qualquer natureza (menos impostos sobre o lucro);
- serviços de terceiros, assessoria técnica, contábil, trabalhista e fiscal;
- manutenção de instalações fixas, estradas, cercas, pátios de manejo;
- transporte e comunicação;
- manutenção de alojamentos, casas, armazéns;
- reposição de móveis, utensílios, material de escritório;
- despesas de viagem e representação.

Certos itens estão contidos em outros, de cunho mais geral, da mesma relação. Fizemos, propositalmente, para chamar a atenção das pessoas menos familiarizadas para aqueles itens mais significativos, mesmo assim podemos ter deixado de listar alguns, dependendo da especialização agropecuária.

No conceito por nós preconizado, os desembolsos destinados aos ciclos de produção com a reforma de cultura perene envolvendo novo plantio, mantida a área inicial, são contabilizados como "despesas", diferente de outros que os consideram como "investimentos". A mesma observação se aplica à pecuária de corte, na recria e engorda, quando da reposição do plantel.

Outro conceito importante diz respeito à reposição de máquinas, implementos ou veículos, cujos desembolsos, representados pelas diferenças entre as aquisições dos novos e venda dos usados, também são considerados "despesas". Aliás, pelo menos em se tratando de pessoa física, a legislação brasileira prevê esse procedimento, ou seja, a aquisição de uma máquina ou implemento é contabilizada como "despesa" e sua posterior venda, como "receita". Este *modus operandis* nos parece ser mais apropriado, na apuração e gerenciamento dos resultados da operação, quando comparado com o sistema de depreciações anuais de ativos.

Sugerimos uma planilha ou relatório bastante simples para o acompanhamento e controle das "despesas de custeio e manutenção", que atenderá plenamente os negócios agrícolas de uma cultura de pequeno e médio porte, com faturamento anual, digamos, de até US$ 300 mil. Mês a mês, contabilize os gastos separadamente com:

- mão-de-obra: braçal, especializada e administrativa;
- aquisição de máquinas e implementos (menos as receitas com a venda de equipamentos usados);
- operação de máquinas: peças, combustíveis e lubrificantes;
- insumos e defensivos;
- gerais: outras despesas não-contidas nos itens anteriores.

Na conta de "aquisição de máquinas e implementos" devemos considerar a diferença de valor entre o preço de compra de um equipamento novo e o de venda do usado substituído.

Existem inúmeras opções de *layout*, ou montagem de um relatório para acompanhamento e controle de despesas. Deve ser adaptado ao tipo e tamanho da atividade. O importante é simplificarmos, privilegiando as contas mais expressivas, as quais merecerão um rigoroso acompanhamento para correção das eventuais distorções de percurso. A principal finalidade desse relatório é a de permitir uma contínua e acurada análise das "saídas" financeiras do negócio, ou seja, saber exatamente para onde está indo o nosso dinheiro.

O relatório deverá conter, necessariamente, os valores orçados ou previstos, mês a mês, para o ciclo de produção, conta por conta – no caso do exemplo, para cinco contas. Análises mensais do orçado *versus* realizado, permitirão a tomada das decisões gerenciais mais acertadas. A elaboração e atualização desse relatório podem ser processadas facilmente em qualquer microcomputador.

Existem também no mercado inúmeros softwares para a finalidade acima. Talvez sejam de utilidade para uma operação de grande porte, ou então, para aqueles empreendedores que desejarem maiores riquezas de detalhes.

É bom lembrarmos que sobre as despesas deverá ser agregado o custo financeiro do dinheiro desembolsado, para a obtenção do custo final da produção. Em regime de alta inflação é recomendável a transformação dos desembolsos numa unidade de valor estável, por exemplo, no dólar médio do mês. No final do ciclo, aplica-se a taxa de remuneração média americana para a obtenção do custo final.

CAPÍTULO 14

GERENCIAMENTO DA APOSENTADORIA VERDE

O empreendedor profissional, antes de partir para a aquisição da terra com vistas a uma determinada atividade agropecuária, deve ter efetuado, basicamente, os seguintes estudos:

- elaboração de "planilhas de viabilidade" para a identificação e adequação do negócio mais apropriado ao seu perfil;
- realização de um planejamento prévio com aplicação, pelo menos em parte, dos conceitos descritos no Capítulo 5, "Gerenciamento de um negócio", contando com uma assessoria especializada para ter, principalmente, uma acurada visão do fluxo de caixa até o fechamento do primeiro ciclo de produção.

Com esse procedimento, estará eliminando surpresas desagradáveis, podendo seguir adiante com os pés no chão!

Assim que a terra for adquirida devemos revisar o planejamento prévio e elaborar o primeiro planejamento definitivo do negócio, agora, procurando seguir integralmente os conceitos expostos no Capítulo 5. Conseqüentemente, os relatórios de "previsões" e "controles" a serem utilizados também precisam ser selecionados e preparados. Os desembolsos com a "formação e iniciação" do negócio serão alocados em separado, pois no conceito da aposentadoria verde, somente estão previstas para retornar quando da venda do empreendimento.

O período do planejamento inicial, em números de anos, vai depender de cada projeto e de seu estágio de desenvolvimento. Recomenda-se, no mínimo, detalhamentos mensais para o primeiro ano, com projeções anuais por mais três a cinco períodos. Ao se entrar no primeiro ciclo de produção, a título ilustrativo, podemos calcular facilmente o custo estimado do nosso produto, dividindo o total orçado com "despesas de custeio e manutenção" mais o seu respectivo custo financeiro, pela "previsão de produção" em sacas, toneladas ou qualquer outra unidade. Esse custo unitário do produto, comparado com o seu preço de venda no mercado, tem de nos deixar uma margem líquida da ordem de 20%. Se houver grande distorção, ou algo está errado, ou então trata-se de um daqueles períodos de mercado atípico, com preços de venda excepcionais ou no *break-even*. É importante fazer essa projeção de custo *versus* produção para alguns ciclos futuros, para melhor visão do desenvolvimento do negócio e, em conseqüência, otimizar seu gerenciamento.

No Capítulo 5 detalhamos os relatórios básicos de controle e acompanhamento (veja pp. 45-46).

No entanto, cada negócio em particular, e o ramo agropecuário não foge à regra, necessita de alguns controles adicionais, além dos básicos citados no início do livro para um gerenciamento eficaz. Esses controles precisam ser, necessariamente, de fácil entendimento, elaboração e manuseio, para se constituírem em ferramentas de tomada de decisões fundamentais, tanto pelo administrador contratado quanto, e principalmente, pelo empreendedor, para o pleno êxito da atividade. O número de relatórios, seu grau de detalhamento, periodicidade e *layout* de apresentação, vai depender da especialização agropecuária focada e de cada estilo particular de administração.

No entanto, voltamos a ressaltar, as informações coletadas devem ser somente as "necessárias e suficientes". Por exemplo, no caso da cultura dos *commodities* sugeridos anteriormente, salientamos como instrumentos gerenciais adicionais passíveis de serem utilizados, os relatórios de controle de:

- áreas cultivadas, espaçamentos, número de plantas, variedades, idades;
- produtividade por área, por variedade, total;
- aplicações de fertilizantes de solo, foliares;
- aplicações de defensivos de solo, foliares;
- custos de veículos e equipamentos com operação, e manutenção;
- mão-de-obra por tarefas, por glebas;
- atividades para a próxima semana, quinzena ou mês;
- compras autorizadas, realizadas;
- colheita mecânica, manual;
- custo do produto parcial, final;
- projeção de investimentos;
- projeção de resultados anuais futuros, receitas, despesas e lucro;
- resultado anual final com faturamento, despesas e lucro real.

Todos esses instrumentos, além de outros para situações específicas, podem ser implantados e processados com a utilização de um microcomputador comum. A dificuldade, quando houver, sempre estará na coleta dos dados no campo. Desse modo, nunca é demais enfatizar a importância de somente "produzir" aqueles relatórios que agreguem "valor" ao negócio.

Quem julgar vantajoso, pode adquirir no mercado softwares mais ou menos complexos, com vistas ao gerenciamento das mais diversas atividades agropecuárias. A maioria deles traz informações desnecessárias e com custos expressivos para coleta dos *inputs* no campo, exigindo cuidados, portanto, antes de sua aquisição e implantação.

Na aposentadoria verde pressupomos a não-exigência de dedicação integral do tempo do empreendedor. Pelo contrário, sua liberdade de atuação precisa ser preservada sem prejuízo para o sucesso do negócio. Estabelecida essa premissa precisamos nos garantir de que o empreendimento esteja estruturado e organizado para que essa "estratégia" funcione.

Antes de mais nada, o empreendedor deverá gastar algumas horas em "planejamento", usando sua experiência e competência. Nessa fase deverá utilizar-se da assessoria de um técnico qualificado, de preferência alguém já identificado e contratado para fazer o acompanhamento futuro das operações. Para projetos com faturamento anual de, digamos, até US$ 300 mil, visitas quinzenais do técnico parecem estar numa boa medida. Lembre-se de que ao "planejar" *você* deverá definir as "estratégias" de longo prazo, os "objetivos" anuais e respectivas "metas". E isso, após analisar o ambiente interno, com seus "pontos fortes e fracos", e o externo, em termos de "oportunidades e ameaças", bem como ter definido as "áreas de excelência", ou seja, áreas onde o desempenho superior é vital para o sucesso.

Ao "planejar" *você* estará tomando previamente uma série de decisões, obviamente sujeitas a alterações, que facilitarão sobremaneira o gerenciamento do negócio como, por exemplo:

- cronograma de desembolsos em "formação e iniciação" da atividade, seja em construções, aquisição e venda de equipamentos, expansão de cultura permanente, etc., facilitando sobremaneira a delegação das tarefas;
- cronograma de despesas estabelecendo um teto realista para o administrador contratado;
- dimensionamento quantitativo e qualitativo de pessoal;
- dimensionamento de insumos requeridos;
- o que pode ser, ou será, terceirizado;
- os objetivos anuais com as respectivas metas mensais definindo os resultados esperados do desempenho do administrador.

Assim, ao contrário do que possa parecer à primeira vista, "planejar" significa uma enorme economia de tempo e dinheiro, além de ser uma condição *sine qua non*, na esmagadora maioria dos casos, para o sucesso da atividade.

Na aposentadoria verde, além da função primeira de planejador, controlador e cobrador de resultados a ser exercida pelo milionário, ou pelo candidato ao seleto grupo em questão e que exigirá apenas uma fração de seu tempo útil, será adicionalmente exigida sua participação efetiva nas seguintes tarefas:

- seleção e contratação da assessoria técnica;
- seleção, e contratação do administrador principal e, dependendo do porte do negócio, de outros colaboradores-chave;
- identificação de assessoria contábil e jurídica;
- compra de itens significativos;
- venda dos produtos;
- alocação e controle de recursos financeiros.

Pode-se constatar, sem maiores dificuldades, que a demanda de tempo para a execução das tarefas acima, de uma forma ou de outra contidas nas "áreas de excelência" do negócio não é grande apesar de sua importância, podendo ser extremamente minimizada com a existência de um bom sistema de comunicações.

Estando o empreendimento organizado de acordo com esse modelo, a presença física constante do proprietário no campo, passa a ser prescindível para o seu sucesso. Todavia, como diz o ditado, "o olho do dono é que engorda o boi". Portanto, a freqüência dessa presença deve ser dosada, caso a caso, em função de parâmetros objetivos e subjetivos, avaliados com base em sua experiência e conhecimento. Certas *performances* operacionais como qualidade, limpeza, organização e horários, são influenciados de maneira muito positiva pela presença do "dono". Além disso há a gratificação que o exercício de uma atividade prazerosa e lucrativa proporciona ao empreendedor, quase sempre acostumado ao estresse do dia-a-dia de sua vida profissional presente ou passada.